Neues aus dem Aldi-Abenteuerland

Danke für die viele Fan-Post zum Kultbuch »Aldidente«: Begeisterte Erfahrungsberichte kamen aus der ganzen Republik. Leserinnen und Leser aus Berlin, Dortmund, Hamburg, Dresden, Leipzig, München, Frankfurt und Köln schickten Lob und Tadel, Tips und Tricks zum Thema »Aldi« ein. Discounter-Nachrichten aus der Provinz erreichten den Verlag gleich kiloweise aus Weitnau, Ohlsbach, Kaarst, Unteriflingen und so weiter.

Danke auch für die Zuschriften aus entfernten Kontinenten: Heimaterinnerungen an Shopping-Erlebnisse kamen aus Südamerika, Afrika und Australien.

Besonderer Dank gilt den vier Aldi-Fans, die dem Discounter in Ägypten auf der Spur waren. Sie fanden ein Original-Aldi-Logo über der Ladentür eines Schmuckhändlers. Kein orientalisches Märchen, wie sie erst glaubten, sondern clevere morgenländische Schnäppchen-Werbung. Der Beweis lag bei: ein gestochen scharfes Urlaubsfoto!

Tausende haben in ihren Kochkladden geblättert und ihre Lieblingsrezepte eingeschickt. Am heimischen Herd – das zeigt die Leserpost ganz deutlich – halten sich Männer wie üblich eher bedeckt, während kundige Aldianerinnen wortreich aus dem Küchendunst berichten: Aldianer kochen zu Hause einfach, gut und ohne Schnickschnack. Sie speisen überwiegend gesund und munter, lieben Pizza und Pasta über alles, genießen Fisch & Fleisch dagegen eher in Maßen. Dafür laben sie sich an feinen Suppen und herzhaften Eintöpfen, tischen dann und wann einen deftigen deutschen Klassiker auf und brauchen sonntags ein Stück hausgemachte Torte.

Die Auswahl der 100 besten eingesandten Kochrezepte findet sich im vorliegenden Band: 100 goldene Schlemmertips für den kulinarischen Aldianer-Alltag. Kompromißlos einfach, umwerfend gut und immer ihren Preis wert. Gerichte, die richtig schmecken, sich rasch zubereiten lassen und bei anwesenden Gästen tüchtig Eindruck schinden. Kurz: Leckere Rezepte von der heimischen Küchenfront, für kulinarische Exzesse ebenso geeignet wie für Engpässe am Herd, Expreß-Mahlzeiten und Schlemmerparties. Und das Schönste: der Griff zur Dose ist erlaubt! Dazu gibt es Tips, Tricks und gute Weinempfehlungen. Denn wer gerne kocht und ißt, der weiß: Ohne Wein ist alles Essig.

In diesem Sinn:

Viel Spaß und guten Appetit!

Suppen und Eintöpfe

Suppe hält Leib und Seele zusammen

Suppen und Eintöpfe sind leckere Allroundgerichte. Ob feine Karottensuppe mit Ingwer oder Badischer Kohltopf: Suppen stillen den kleinen Hunger zwischendurch, veredeln jedes 3-Gänge-Menü und sättigen hungrige Partygäste nach Mitternacht.

Suppen sind gesund und machen satt. Viele davon schmecken warm und kalt, wie zum Beispiel das leckere »Sonntagsgurkensüppchen« oder die »Herzhafte Tomatensuppe«. Wo hört die Suppe auf, wo fängt der Eintopf an? Der Übergang ist fließend. Während Hühnerbrühe eher den Appetit weckt, geht ein »Allgäuer Kässüpple« schon fast als ausgewachsene Mahlzeit durch. Samstags ist Eintopf-Tag – schon allein aus praktischen Gründen. Eintöpfe lassen sich vorbereiten und schmekken wieder aufgewärmt bekanntlich doppelt gut. Bei einem kräftigen Weiße-Bohnen-Eintopf werden selbst Erbsenzähler schwach: Unwiderstehlich im Geschmack, so wertvoll wie ein kleines Steak (denkt man an die Proteine) – und, was die Kosten angeht, fast geschenkt.

Allgäuer Kässüpple

50 g Butter
50 g Mehl
1 l Fleischbrühe (Instant)
250 g Allgäuer Emmentaler
1 Eigelb
2 EL Sahne
frisch gemahlener schwarzer Pfeffer
2 Scheiben Toastbrot
1 Zwiebel
3 TL Butter

Die Butter im Topf schmelzen, Mehl einstreuen und anschwitzen. Brühe langsam zugeben und mit dem Schneebesen kräftig rühren. Ca. 15 Minuten köcheln lassen. Nach und nach den Käse hinzufügen, kurz aufkochen lassen und von der Kochstelle nehmen. Eigelb und Sahne verquirlen und die Suppe damit legieren.
Mit schwarzem Pfeffer würzen. Toastbrot in Würfel schneiden und rösten. Zwiebel schälen, in Ringe schneiden und in Butter goldbraun braten. Suppe auf vier Teller verteilen und mit den Zwiebelringen dekorieren.

Henriette Möhrle
Stuttgart

Heilig's Blechle! Das ist aber eine ausgewachsene Mahlzeit!

Scharfe Bohnensuppe

800 g weiße Bohnen mit Suppengrün (Stella)
2 Zwiebeln
1 Stange Lauch
1 Karotte
2 EL Margarine (Bellasan)
1/8 l klare Instant-Brühe
1/4 l Schlagsahne (milfina)
Salz
Paprikapulver

Zwiebeln schälen und würfeln, Lauchstange waschen und in Scheiben schneiden. Karotten schälen und ebenfalls in dünne Scheiben schneiden. Margarine im Topf zerlassen. Zwiebeln, Lauch- und Karottenscheiben ca. 5 Minuten darin andünsten. Weiße Bohnen hinzufügen, Brühe und Sahne angießen. Langsam im Topf erhitzen und mit Salz und Paprika abschmecken.

Rosemarie Züfle, Unteriflingen

Mit Baguettebrötchen servieren.

Rote Bohnensuppe

100 g geräucherter Speck
1 große Zwiebel
1 EL Sonnenblumenöl (Bellasan)
1 Dose weiße Bohnen mit Suppengrün
1/8 l Ketchup (Kim)
1 Becher Schmand
1 TL klare Brühe
1 TL Zucker
Paprika edelsüß
frisch gemahlener schwarzer Pfeffer
1 TL Zitronensaft
300 g Cabanossi oder 3-4 Wiener Würstchen
1/4 l Chianti (Le Casine)

Speck und Zwiebeln würfeln und im Sonnenblumenöl anbraten. Bohnen, Ketchup, Rotwein, Schmand und klare Brühe hinzufügen, umrühren und mit Zitronensaft, Salz, Pfeffer, Paprika und Zucker würzen und ca. 30 Minuten köcheln lassen. Cabanossi oder Wiener Würstchen zugeben und weitere 15-20 Minuten in der Suppe ziehen lassen. Auf kleinster Flamme warmhalten und gelegentlich umrühren, damit sich nichts am Topfboden festsetzt.

Beatrix Oppelz, Worms

informiert:

Die Rote Bohnensuppe macht vier Leute auf leckerste Weise pappsatt. Wer Lust hat, kann noch Knoblauchbaguette dazu reichen. Und alles ist viel preiswerter als mittags in der Mensa!

Herzhafte Tomatensuppe

1 Dose geschälte Tomaten
1 große Zwiebel
1 Knoblauchzehe
3 EL Olivenöl (Lorena)
1 TL Salz
1 TL frisch gemahlener schwarzer Pfeffer
1 TL Oregano
1/2 TL Thymian
etwas klare Brühe (Instant)
4 EL Gin
4 EL Schmand

Zwiebel und Knoblauch schälen und feinhacken.
Olivenöl in einem schweren Topf erhitzen und beides darin kurz anbraten. Bei geschlossenem Deckel weitere 5 Minuten dünsten. Dosentomaten dazugeben und mit einem Holzlöffel zerdrücken. Tomatenflüssigkeit angießen. Gewürze einstreuen und die Suppe bei leicht geöffnetem Deckel köcheln lassen. Je nach Saftmenge etwas klare Brühe auffüllen.
Kurz vor dem Servieren Gin dazugeben und nicht mehr kochen. Die fertige Suppe in vier große Suppentassen füllen und jeweils mit 1 EL Schmand dekorieren.

Regine Petzold, Bonn

Anstelle von Schmand lassen sich auch schon mal in Butter geröstete Toastbrotwürfel dazu servieren!

Kartoffelsuppe mit Forellenfilets

500 g Kartoffeln
1 Möhre
1 Stange Lauch
1 kleines Stück Sellerie
50 g Süßrahmbutter
frisch gemahlener schwarzer Pfeffer
1 Lorbeerblatt
3 EL Sahne
1 l klare Instantbrühe
125 g wacholdergeräucherte Forellenfilets
feingehackte Petersilie oder Schnittlauch

Kartoffeln waschen, schälen, vierteln und in kleine Würfel schneiden. Butter im Topf schmelzen lassen und die Kartoffelwürfel darin anrösten, bis sie goldgelb sind. Brühe angießen, Lorbeerblatt hinzufügen und die Kartoffeln in der Brühe in ca. 20 Minuten garen. Lorbeerblatt entfernen und den Topfinhalt mit dem Pürierstab zu einer sämigen Suppe zerkleinern.
Mit Salz, frisch gemahlenem schwarzen Pfeffer und Sahne abschmecken. Die Forellenfilets in kleine Stücke zerlegen und in die heiße Suppe geben. Vor dem Servieren feingehackte Petersilie oder Schnittlauch zugeben.

Dö V. V., Frankfurt am Main

Liebe Dö! Ein wirklich kreatives Rezept. Und dazu ein fruchtiger Müller-Thurgau, trocken, Rheinhessen, 1997. Er hebt Geschmack und Laune! Prost!

Sonntagsgurkensüppchen

2 Schlangengurken
3-4 Zwiebeln
1/4 l klare Brühe (Instant)
200 g Sahne (milfina)
200 g Schmand
Salz
frisch gemahlener schwarzer Pfeffer
200 g Riesengarnelen
3 EL Sonnenblumenöl

Zwiebeln schälen und in feine Würfel schneiden. In Sonnenblumenöl andünsten. Die geschälten und entkernten Gurken raspeln, dazugeben und ca. 20 Minuten sanft köcheln lassen. Brühe angießen. Sahne, Schmand und Riesengarnelen hinzufügen. Mit Salz und Pfeffer abschmecken. Einige Minuten auf kleinster Flamme ziehen lassen. Auf vorgewärmten Tellern servieren!

Britta Scharfenberg, Leverkusen

Britta – das ist aber vom Feinsten!

Feine Zwiebelsuppe

400 g Zwiebeln
3 EL Butter
2 EL Mehl
1 l Rindsbouillon
1 Eigelb
2 EL Schmand
3 EL geriebener Gouda (jung)
Salz
frisch gemahlener schwarzer Pfeffer
etwas Zitronensaft

Zwiebeln schälen und in feine Ringe schneiden. Butter schmelzen lassen und die Zwiebelringe darin 2-3 Minuten dünsten. Mehl darüberstreuen, kurz umrühren, mit Brühe auffüllen und aufkochen lassen. Schmand unterziehen und mit Eigelb legieren. Den geriebenen Käse unterrühren. Mit Salz, Pfeffer und Zitronensaft abschmecken.

Dazu paßt geröstetes Toastbrot.

Monika Teriet, Stadtlohn

Die Franzosen machen mit ihrer »soupe à l'oignon« noch weniger Umstände: Geröstete Weißbrotscheiben und hauchdünne Käsescheiben einfach in Suppentassen legen und mit heißer Zwiebelsuppe übergießen. Etwa 5 Minuten bedeckt beiseite stellen und anschließend servieren. Oder gratinieren: Dazu die Zwiebelsuppe in feuerfeste Suppentassen füllen, dick mit geriebenem Emmentaler bestreuen, kräftig pfeffern und unter dem Backofengrill 10 Minuten überkrusten.

Kartoffelcremesuppe mit Krabben
(Zutaten für 2 Personen)

600 g Kartoffeln
1 Bund Frühlingszwiebeln
200 g Sahne
1/2 l Instantbrühe
1 Eigelb
1 Stück Süßrahmbutter (walnußgroß)
Salz
frisch gemahlener weißer Pfeffer
Worcestersauce
100 g Krabbenfleisch

Kartoffeln schälen und waschen, anschließend in kleine Würfel schneiden. Frühlingszwiebeln putzen, waschen und in schmale Ringe schneiden.
Kartoffelwürfel in der Brühe aufsetzen. Sobald sie kochen, Frühlingszwiebeln zugeben und in 20 Minuten garen. 2 EL Kartoffelwürfel abnehmen, die restliche Kartoffelbrühe pürieren. Sahne und Eigelb verrühren. Zusammen mit den Kartoffelwürfeln zur pürierten Suppe geben.
Mit Salz, Pfeffer und einem Schuß Worcestersauce abschmecken. Kurz erhitzen, Krabben und Butter dazugeben. Nicht mehr kochen!
Regine Petzold
Bonn

Ein Glas trockener Weißwein, z B. »Soave Classico«, 1997, oder »Bourgogne Blanc«, 1996, machen die Kartoffelsuppe rund!

Badischer Kohltopf

500 g Schwarzwälder Schinken
125 g Gelderländer Bauchspeck
300 g Schinken-Pfefferlinge
oder andere Kochwurst
200 g Karotten
200 g Lauch
4-5 große Kartoffeln
1,5 kg Weißkraut

Das Schinkenstück gut waschen. Wenn es sehr salzig sein sollte, vorher kurz wässern. Zusammen mit dem Bauchspeck in 1,5 l kaltem Wasser (großen Topf benutzen) aufsetzen und zum Siedepunkt bringen. Abschäumen, geputzte halbe Lauchstangen und geschälte, halbierte Karotten zugeben. Nicht salzen! Etwa 60 Minuten langsam kochen lassen. Dann den geviertelten, von den gröbsten Rippen und dem Strunk befreiten Krautkopf hinzufügen und weiter kochen lassen. 30 Minuten später geschälte ganze Kartoffeln und Schinken-Pfefferlinge zugeben. Noch weitere 25-30 Minuten kochen und anschließend servieren. Das Fleisch kann mit allen Gemüsen aufgetragen werden!

Karl Rösel
Freiburg

Bravo! Dieser süddeutsche Kohl-Klassiker hat kulinarisches Profil und wirft jede Pfälzer Kohlpfanne aus dem Rennen!

Karottensuppe mit Ingwer

500 g Karotten
1 l Gemüsebrühe (Instant)
1 große Zwiebel
2 Knoblauchzehen
1 kleines Stück Ingwer
1 EL Currypulver
100 g Sahne
1 Glas Orangensaft (frisch gepreßt)
2 EL Süßrahmbutter

Knoblauch, Ingwer und Zwiebel schälen und in kleine Stücke schneiden. In der geschmolzenen Butter anbraten, mit Currypulver bestreuen und verrühren. Die geschälten und in dünne Scheiben geschnittenen Karotten zugeben, kurz andünsten, mit

Brühe ablöschen und anschließend auffüllen. In 20 Minuten garen, pürieren. Mit Sahne und Orangensaft abschmecken. Nach Bedarf salzen.

Dö V.V.
Frankfurt am Main

Aufgepaßt! Beim Ingwer gibt es verschiedene Schärfen. Deswegen ist es ratsam, ihn nach und nach der Suppe zuzusetzen, damit beim Essen keine Tränen fließen.

Hühnerbrühe mit dreierlei Klößchen

750 g Hühnerbrust
2 EL kaltgeschlagenes Olivenöl
2 Zwiebeln
2 Karotten
1,5 Liter Gemüsebrühe (Instant)
Salz
frisch gemahlener schwarzer Pfeffer
frisch geriebene Muskatnuß
35 g Butter
70 g Mehl
2 Eier
1/2 Bund glatte Petersilie
30 g geriebener Emmentaler
1 EL Tomatenmark oder Ketchup

Zwiebeln und Karotten schälen und grob zerkleinern. Olivenöl in großem Topf erhitzen und Gemüse darin scharf anbraten. Hühnerbrust kleinschneiden und zugeben und mit 2 Litern kalter Gemüsebrühe aufgießen. Die Brühe bei milder Hitze 1 1/2 Stunden köcheln lassen. Zwischendurch mehrmals abschäumen.

Für die Klößchen 1/8 l Wasser mit Butter, Salz und frisch geriebener Muskatnuß zum Kochen bringen und das Mehl einstreuen. Auf der Kochstelle weiterrühren, bis sich der Kloß vom Topfrand löst. Nach und nach die Eier unter die noch heiße Masse rühren. Die Menge dritteln. Petersilie sehr fein hacken. Jeweils ein Drittel mit Petersilie, mit geriebenem Emmentaler und Tomatenmark oder

Ketchup verrühren. Mit zwei nassen Teelöffeln von jeder Masse 8 Klößchen abstechen und auf gefettete Alufolie setzen. Die Brühe durch ein feines Sieb geben, entfetten und abschmecken. Die Klößchen in kochendem Salzwasser 10 Minuten garziehen lassen. Auf vier Teller verteilen und die fertige Hühnerbrühe vorsichtig angießen.

Petra Lauffenberger, Berlin

Westfälischer Bohneneintopf

250 g Gelderländer Bauchspeck
1 l klare Brühe (Instant)
4 Möhren
4 kleine Kartoffeln
2 kleine Äpfel
2 Birnen
1 Dose weiße Bohnen (Stella)
300 g frische grüne Bohnen
(oder 1 kleine Dose grüne Bohnen)
2 frische Zweige Bohnenkraut
(oder 1,5 TL getrocknetes Bohnenkraut)
3 EL frische Petersilie, gehackt

Gelderländer Bauchspeck in mundgerechte Würfel schneiden. Fleischbrühe erhitzen und die Speckwürfel 20 Minuten darin kochen. In der Zwischenzeit Möhren schälen, waschen und in Scheiben schneiden. Kartoffeln schälen, waschen und vierteln. Äpfel und Birnen schälen, vom Kerngehäuse befreien und vierteln. Bohnen waschen, fädeln und zusammen mit allen kleingeschnittenen Zutaten und dem Bohnenkraut zur Brühe geben. Bei milder Hitze ca. 20 Minuten garen. Dann die weißen Bohnen dazugeben und 10 Minuten bei milder Hitze ziehen lassen.
Zum Schluß mit Salz und Pfeffer abschmecken und mit gehackter Petersilie bestreuen.

Dö V.V., Frankfurt am Main

informiert:

Dazu passen kräftiges Bauernbrot und kühles Bier.

Pizza & Pasta & Risotto
Fastfood vom Feinsten aus Italien

Nudeln gehen fix und machen glücklich. Doch damit ist für Pasta-Fans das Italien-Thema noch längst nicht abgenudelt: leckere, hausgemachte Pizza und aromatisches Risotto rangieren ganz oben in den Charts der Leckerbissen. Nur wenige Zutaten sind nötig, und die kann man auf Vorrat kaufen. Darf es ein leckeres Risotto sein? Kein Problem: Olivenöl und Zwiebel, etwas Rosmarin, ein Glas Weißwein, Reis, Gemüsebrühe, geriebener Käse und ein Stückchen Butter: im Handumdrehen ist alles fertig.

Pasta ist »Fastfood« vom Feinsten: in der Regel brauchen Nudeln 9-11, hausgemachte Pizza knapp 15 und ein duftendes Risotto (es muß noch Biß haben!) 15-17 Minuten Garzeit. Kreative Pizzabäcker, Pasta-Gourmets und Risotto-Köche, aufgepaßt! Das ist ein Experimentierfeld ohnegleichen! Auf der Suche nach dem ultimativen Rezept kann man richtig abheben, denn die Zahl der Geschmacks-Variationen ist unendlich. Wichtig ist und bleibt jedoch die richtige Käseauswahl: Pizza schmeckt am besten mit Mozzarella (gut bei Aldi!), Pasta und Risotto dagegen mit frisch geriebenem Parmesan. In der Not tut's auch Emmentaler, der selbstgerieben besser schmeckt als der fertige aus der Tüte!

Pizza con tutto

400 g Weizenmehl Type 405
1 Päckchen Trockenhefe
1/4 l lauwarmes Wasser
1/2 TL Salz
2 EL kaltgeschlagenes Olivenöl
frisch gemahlener schwarzer Pfeffer
Für den Belag:
1 große Dose geschälte Tomaten
1 frische grüne Paprika
1 kleine Dose Thunfisch in Stücken
100 g Salami in Scheiben
100 g Hinterschinken in Scheiben
200 g geriebener Emmentaler
Pizzagewürz

Für den Pizzateig alle Zutaten gut vermengen und an einem warmen Ort (25 Grad) zugedeckt ca. 15 Minuten gehen lassen. Danach nochmals kneten und auf einem mit Backpapier ausgelegten Backblech ausrollen und nochmals kurz zugedeckt gehen lassen.

Für den Belag die geschälten Tomaten mit einer Gabel zerpflücken und zusammen mit dem Tomatensaft auf dem ausgerollten Teig verteilen. Schinken und Salami kleinschneiden, Thunfischstücke zerkleinern und Paprika waschen und in dünne Scheiben schneiden. Alles zusammen auf der Pizza verteilen. Mit Pizzagewürz bestreuen und 15 Minuten bei 200 Grad auf mittlerer Schiene im Backofen backen. Dann den geriebenen Emmentaler darauf verteilen und nochmals 15 Minuten knusprig backen. Dazu paßt knackiger Kopf- oder Eisbergsalat.

Rosemarie Züfle, Unteriflingen

Pizza Diabetika

Für den Boden:
750 g roher Kloßteig (Fertigteig)
Für den Belag:
4 EL Tomatenketchup
150 g Salami in Scheiben
500 g frische Champignons
500 g frische Paprikaschoten
1 Glas grüne Oliven
250 g Brokkoli
250 g geriebenen Emmentaler
Pizzagewürz

Den fertigen Kartoffelteig auf ein mit Backpapier ausgelegtes Backblech drücken. Tomatenketchup auf dem Teig verstreichen. Für den Belag Champignons und Paprika waschen und in dünne Scheiben schneiden und die Pizza damit belegen. Brokkoli waschen, dicken Strunk entfernen, Röschen abpflücken und kurz in Salzwasser garen und die Pizza damit belegen. Zum Schluß Oliven verteilen und die Pizza mit geriebenem Emmentaler belegen. Mit Pizzagewürz würzen und bei 175 Grad ca. 30 Minuten auf mittlerer Schiene und mit Umluft knusprig backen.

Eva Maske, Homburg

informiert:

Der Kartoffelteig eignet sich besonders für Diabetiker. Er enthält weniger BE als herkömmlicher Pizzateig und schmeckt einfach super!

Pizza Napoli

Für den Teig:
400 g Weizenmehl Type 405
1/2 Würfel frische Hefe
1 EL Zucker
knapp 1/4 l lauwarmes Wasser
1/2 TL Salz
2 EL Olivenöl (Lorena)

Für den Belag:
4 EL Tomatenmark
4 frische Tomaten
4 hartgekochte Eier
100 g gekochter Hinterschinken
50 g schwarze Oliven
Salz
frisch gemahlener schwarzer Pfeffer
1 TL getrocknetes Oregano
1 TL gehacktes frisches Basilikum
200 g Mozzarella

Das Mehl in eine Schüssel geben, in der Mitte eine Mulde eindrücken und die Hefe hineinbröckeln. Den Zucker darüberstreuen und etwas Wasser angießen. Den Vorteig etwa 15 Minuten zugedeckt an einem warmen Ort gehen lassen. Danach das restliche Wasser, Salz und das Olivenöl dazugeben, alles zu einem glatten Teig verarbeiten und diesen an einem warmen Ort 30 Minuten gehen lassen.

Den Teig ausrollen und auf ein gefettetes Backblech legen. Das Tomatenmark darauf verstreichen. Den Backofen auf 180 Grad vorheizen. Die Tomaten kurz in heißes Wasser legen, häuten und in Scheiben schneiden. Eier pellen und vierteln oder auch in Scheiben schneiden. Schinkenscheiben in Streifen schneiden und zusammen mit den Oliven auf der

Pizza verteilen. Mit Salz, Oregano, Pfeffer und Basilikum würzen. Den in Scheiben geschnittenen Mozzarella auflegen und die Pizza in etwa 30 Minuten auf mittlerer Schiene im Backofen (am besten bei Umluft) knusprig backen.

Hilde Richter
Dresden

Oliven sind ein Saisonartikel bei Aldi. Da empfiehlt sich weise Vorratshaltung!

Tortellini mit Gorgonzolasauce

350 g Tortellini
200 g Gorgonzola
3 Knoblauchzehen
2 EL Olivenöl
200 g Sahne
2,5 l Fleischbrühe (Instant)

Fleischbrühe zum Kochen bringen und Tortellini nach Vorschrift »al dente« kochen. Inzwischen Olivenöl erhitzen und die geschälten, fein geschnittenen Knoblauchzehen darin anrösten. Mit Sahne ablöschen und fein köcheln lassen. Gorgonzola mit einer Gabel zerdrücken und zur Sahnesauce geben. Bei mittlerer Hitze den Käse schmelzen lassen. Tortellini abgießen und in einer Schüssel anrichten. Gorgonzolasauce darübergeben und vorsichtig vermischen. Zum Verfeinern der Sauce eignen sich entweder Eismeerkrabben oder Schinkenstreifen.

Mein persönlicher Favorit zu den Tortellini: »Beaujolais-Villages«, Appellation Beaujolais Villages Contrôlée, 1996

Frank Dufner
Ohlsbach

Lieber Frank! Wir sitzen doch nicht am Lagerfeuer! Bitte etwas mehr Gefühl beim Kochen zeigen! Sahne sollte, einmal an die Sauce gegeben, nicht mehr kochen. Sie verliert schnell an Geschmack und Gorgonzola-Käse schmilzt auch auf kleiner Flamme!

Tortellini mit Pilzsauce

500 g Tortellini
200 g frische Pfifferlinge
oder 1 kleine Dose Pfifferlinge
3 EL Sonnenblumenöl
1 Zwiebel
1/8 l trockener Weißwein
(z. B. Chardonnay)
1 Becher Schmand
Salz
frisch gemahlener schwarzer Pfeffer
Currypulver

Zwiebeln schälen und würfeln, Champignons putzen und blättrig schneiden. Frische Pfifferlinge putzen bzw. abtropfen lassen, anschließend halbieren. Sonnenblumenöl in einer tiefen Pfanne heiß werden lassen. Zwiebelwürfel darin glasig dünsten, Pilze hinzufügen und einige Minuten schmoren lassen. Mit Salz, schwarzem Pfeffer und einer Prise Currypulver würzen. Mit Weißwein ablöschen. Einige Minuten unter Rühren einkochen lassen. Zuletzt den Schmand in die Sauce einrühren und zu den in 3-4 Litern Salzwasser »al dente« gekochten Tortellini servieren.

Dazu paßt: frischer, grüner Salat und kräftige italienische Weine wie Chianti oder weißer Verdicchio.

Gabriele Gumpp
Donauwörth

Liebe Frau Gumpp, zum Essen kann man bedenkenlos auch den »Kochwein« reichen. Aldis »Bourgogne Blanc«, schmeckt leicht gekühlt (10-12 Grad) vorzüglich.

Bandnudeln in Lachssahne
500 g Bandnudeln
120 g Räucherlachs
1/10 l Olivenöl
100 ml Sahne
1 frische Tomate
1/2 Schnapsglas Cognac
Salz
schwarzer Pfeffer
Muskat

Den Räucherlachs in feine Streifen schneiden. Tomate mit heißem Wasser übergießen, häuten, entkernen und zerdrücken. Das Olivenöl im Topf erwärmen und nacheinander Lachs, Tomate, Sahne und etwas geriebene Muskatnuß dazugeben. Bei kleinster Flamme köcheln lassen, bis

die Sahnesauce sämig wird. Cognac dazugeben und warmhalten. Die Bandnudeln in ausreichend Salzwasser nach Vorschrift »al dente« garen und abgießen. In einer großen Schüssel Bandnudeln anrichten, mit der Sauce übergießen, vorsichtig durchmischen und mit schwarzem Pfeffer abschmecken. Kurz durchziehen lassen und rasch auf vorgewärmten Tellern verteilen.

G. Lausch
Koblenz

Bandnudeln mit Spinat und Tomaten

250 g frischer Blattspinat
oder 1 Dose Blattspinat
1 Zwiebel
3 Knoblauchzehen
3 EL Olivenöl
Salz
Pfeffer
1 Tasse passierte Tomaten (Pak)
4 Tomaten
200 g Mozzarella
400 g Bandnudeln
50 g Butter

Spinat mehrmals waschen, Stiele entfernen und in Salzwasser 2-3 Minuten blanchieren. Dosenspinat abtropfen lassen und beiseite stellen. Zwiebel würfeln, Knoblauch schälen, hacken und im heißen Olivenöl anbraten. Die passierten Tomaten hinzufügen. Etwa 10-12 Minuten sanft köcheln. Mozzarella würfeln und zusammen mit dem Spinat in die Tomatensauce geben. Salzen und pfeffern. Die Bandnudeln in 3-4 Litern Salzwasser »al dente« kochen. In einer Schüssel anrichten und die Butterflöckchen unterheben. Zusammen mit der Tomatensauce servieren.

Katja Klose, Leipzig

Katja Klose, Kompliment! So lecker und leicht lassen sich vegetarische Gerichte zubereiten!

Makkaroni aus dem Ofen

300 g Makkaroni (oder Bandnudeln)
1 Zwiebel
1 Knoblauchzehe
800 g geschälte Tomaten (Dose)
1 kleine Aubergine
Salz
schwarzer Pfeffer
10 schwarze Oliven
5 kleine getrocknete Peperoni
1 TL frische Rosmarinnadeln
1 TL italienische Kräuter, getrocknet
1/2 TL Zucker
100 g geriebener mittelalter Gouda

Nudeln in ausreichend Salzwasser nach Anleitung bißfest kochen. Zwiebel und Knoblauch schälen und feinschneiden.

Die Tomaten abtropfen lassen und die Flüssigkeit auffangen. Tomaten grob zerkleinern. Aubergine putzen, waschen und in Würfel schneiden. Mit Salz bestreuen und 20 Minuten stehen lassen. Anschließend mit Haushaltspapier trockentupfen. In eine gefettete, feuerfeste Form abwechselnd Tomaten, Zwiebel, Knoblauch, Auberginenwürfel, Oliven, Peperoni und Makkaroni schichten. Mit Rosmarinnadeln und italienischen Kräutern, Pfeffer, Zucker und geriebenem Gouda bestreuen. Tomatenflüssigkeit angießen und den Auflauf im Backofen bei 190 Grad etwa 30 Minuten backen.

Leonie Nowak, Bonn

Spaghetti Carbonara

200 g Bauchspeck
4 EL Olivenöl
5 Eigelb
200 g Sahne
50 g geriebener Emmentaler
Salz
Pfeffer
Muskat
350 g Spaghetti

Den Speck in feine Streifen schneiden und in heißem Olivenöl ausbraten. Eigelb, Sahne und geriebenen Emmentaler verquirlen. Salzen, pfeffern und nach Geschmack mit Muskat würzen. Spaghetti in reichlich Salzwasser bißfest kochen, abgießen und kräftig mit der Carbonara-Sauce vermischen. Die Eier dürfen nicht stokken, sondern sollten eben noch flüssig sein. Sofort servieren.

Dazu paßt: am besten eine große Schüssel grüner Salat.

Hannah Kasparis, Hanau

Liebe Hannah Kasparis! Danke für das Original-Rezept dieses Pasta-Klassikers. Von einem Dutzend Pasta-Fans können höchstens zwei die genauen Zutaten benennen. Kaum zu glauben, aber wahr!

Spaghetti mit frischer Tomatensauce

350 g Spaghetti
750 g frische Tomaten
oder Dosentomaten
2 Zehen Knoblauch
1 große Zwiebel
Salz
Cayenne-Pfeffer
2 kleine Karotten
1 Bund Petersilie
50 ml Olivenöl

Tomaten mit heißem Wasser überbrühen, häuten und vierteln. Dosentomaten abtropfen lassen. Karotten waschen, schälen und würfeln. Zwiebeln und Knoblauch schälen und feinschneiden. Karotten, Zwiebeln und Knoblauch in heißem Olivenöl anschmoren. Tomaten dazugeben. Petersilie waschen, zupfen und hacken. Die Hälfte zur Tomatensauce geben und so lange bei mittlerer Hitze mitkochen, bis die Karotten weich sind. Mit dem Pürierstab zerkleinern und nochmals etwas einkochen. Die Sauce sollte eine kompakte Konsistenz haben. Mit Salz und Cayenne-Pfeffer abschmecken. Zum Schluß die verbliebene frische Petersilie über die Sauce geben. Spaghetti in Salzwasser kochen und zur Tomatensauce reichen.

Ilse Apelt, Hildesheim

Spaghetti – wie Pasta überhaupt – brauchen nicht nur Salzwasser, sondern viel Salzwasser. Am besten, man kocht sie in einem großen Topf mit 4-5 Litern Wasser und gibt das Salz (2-3 EL) erst dazu, wenn das Wasser sprudelnd kocht! Achtung, den Topf nicht zu voll machen! Das Salz schäumt kurzfristig auf, und die Nudeln brauchen natürlich auch noch Platz. Spaghetti werden grundsätzlich nicht gebrochen, sondern in ihrer vollen Länge langsam ins Salzwasser getaucht und nach und nach unter die Wasseroberfläche gebracht. Unter Rühren muß das Wasser dann erst wieder aufkochen. Ab und zu umrühren, damit sich nichts am Boden festsetzt. Ohne Deckel sanft weiterkochen bis zum Ende der Kochzeit (variiert, je nach Sorte). Kurz vor Ende die »Bißprobe« machen! Spaghetti sind »al dente«, wenn sie sich mit 2 Fingern gerade eben leicht zerteilen lassen.

Spaghetti mit Gemüsesauce

250 g Spaghetti
2 Paprikaschoten
2 Zwiebeln
4 Tomaten
1 Knoblauchzehe
1 Zucchini
1 EL Tomatenmark
1 EL Sonnenblumenöl
1/2 l Rindsbouillon (Instant)
Salz
Pfeffer
Soßenbinder
Parmesankäse

Zwiebeln schälen und würfeln, Knoblauch schälen und in feine Scheiben schneiden. Paprika, Tomaten und Zucchini waschen und würfeln. Alle Zutaten sanft in heißem Öl andünsten. Tomatenmark einrühren, Brühe angießen und sanft 15 Minuten köcheln lassen. Soßenbinder einstreuen und mit Salz und Pfeffer abschmekken. Inzwischen die Spaghetti in 3-4 Litern Salzwasser »al dente« kochen. Abtropfen lassen, auf vorgewärmten Tellern anrichten und mit reichlich Parmesan bestreuen.

Kirsten Kirschner
Hamburg

Also, den Soßenbinder würde ich eiskalt bei Aldi im Regal stehen lassen! Zum einen macht die Zubereitung »ohne« sehr viel weniger Arbeit und zweitens schmeckt Gemüse pur einfach besser! Ein paar Eßlöffel Sahne tun's doch auch, oder?

Risotto mit Austernpilzen

2 Zwiebeln
4 EL Olivenöl
1 Glas trockener Weißwein
(z. B. Bourgogne Blanc)
280 g *Risottoreis* oder Milchreis
1,5 l Fleischbrühe (Instant)
Salz, Pfeffer
250 g Austernpilze
2 EL Butter
3 EL geriebener *Parmesan*

Zwiebeln schälen, würfeln und in heißem Olivenöl anbraten. Reis dazugeben und umrühren. Mit einem Glas Weißwein ablöschen und einkochen lassen. Nach und nach die Fleischbrühe dazugeben und weiterrühren, bis der Reis noch Biß hat (ca. 14-17 Minuten). Unterdessen die Austernpilze säubern (nicht waschen), halbieren und mit einem Eßlöffel Butter in einer Pfanne anbraten. Die restliche Butter zusammen mit dem frisch geriebenen Parmesan zum Risotto geben. Mit Salz und Pfeffer abschmecken und die Austernpilze unterheben.

Anstelle von Austernpilzen schmekken auch Steinpilze, Champignons oder Pfifferlinge ausgezeichnet im Risotto.

Georg Heidelbach, Bad Nauheim

Warum so wenig Parmesan, Herr Heidelbach? Nur weil der Discounter diesen hervorragenden Würzkäse noch nicht entdeckt hat? Das ist kein Grund, damit so sparsam umzugehen! Meiner Meinung nach gehört mindestens soviel Käse wie Wein ins Risotto: 1 Glas, und zwar randvoll – als Untergrenze!

Risotto mit frischem Rosmarin

250 g *Risottoreis* oder Milchreis
1 1/2 l Hühnerbrühe (Instant)
4 EL Olivenöl
1 Zwiebel
1/2 Knoblauchzehe
15 *frische Rosmarinnadeln*
1 Glas Weißwein (z. B. Soave Classico)
50 g geriebener *Parmesan*

Öl in der Pfanne erhitzen und kleingehackte Zwiebel, Knoblauch und Rosmarinnadeln darin anrösten. Reis bei mittlerer Hitze unterrühren und mit einem Glas Weißwein ablöschen. Etwas einkochen lassen. Nach und nach Hühnerbrühe angießen und immer wieder einkochen lassen, bis der Reis gar ist, aber noch Biß hat (zwischen 17 und 20 Minuten). Zum Schluß Butter einrühren und Parmesankäse dazugeben. Vor dem Anrichten noch etwa 5 Minuten warm stellen und anschließend in tiefe Suppenteller füllen.

Christian Raisig, Berlin

Kompliment! Diese Risotto zählt zu den einfachsten und aromatischsten! Die Zubereitung ist aldi-einfach! Lecker dazu Lammbraten und ein Schluck von einem guten Roten. Zum Beispiel vollmundiger »Château Le Monteil«, Cru Bourgeois, 1994! Ein Festessen!

Sparbrötchen

Mehr als Appetizer

Appetitlich angerichtete Baguette-brötchen, Toasts und Fladenbrote sind eine besondere Augenweide und lassen sich auch unter Zeitdruck mühelos zubereiten. Ob zum Frühstück, Brunch oder einfach mal so zwischendurch: Mit pfiffigen Ideen verwandeln sich »Sparbrötchen« rasch in warme oder kalte Vorspeisen, Zwischenmahlzeiten oder Pausensnacks. Köstliche Klassiker wie »Hawaii-Toast« oder »Croque Monsieur«, leckere Bistro-Happen wie »Heiße Aldi-dente-Brötchen« oder »Gefülltes Fladenbrot« schmecken zu frischen, knackigen Blattsalaten oder einfach so. Helfen Sie dem Geschmack nach Lust und Laune auf die Sprünge. Würzen Sie nach eigenem Gusto! Keine Angst vor exotischen Tunken, pikanter selbstgemachter Mayonnaise oder höllenscharfen Peperoni. Kochen ist – das wissen auch die Profis – Erfahrungswissen, das von Experimenten lebt. Achtung: Bevor Sie loslegen, stellen Sie schon einmal eine Flasche trockenen Rosé oder einen Sechserpack Bier ins Kühlfach.

Sardinen-Toast

4 Scheiben Toastbrot
4 kleine Tomaten
Salz
Pfeffer
frischer Thymian
4 große Basilikumblätter
8 Ölsardinen
Zitronensaft
4 Scheiben mittelalter Gouda

Toast mit Tomatenscheiben belegen, salzen, pfeffern, mit Thymianblättchen und gehacktem Basilikum bestreuen. Ölsardinen auf die Tomatenscheiben legen und mit Zitronensaft beträufeln. Auf jeden Toast eine Käsescheibe legen. Backofen vorheizen

und den Toast bei 225 Grad überbacken, bis der Käse geschmolzen ist (ca. 10-15 Minuten).

Als Vorspeise die Toastscheiben halbieren.

Monika Böke, Düsseldorf

Liebe Monika Böke, das schmeckt wunderbar würzig! Dazu ein Glas kalifornischen »Cabernet Sauvignon« (1996, Burlwood Cellars) und die Zwischenmahlzeit ist perfekt!

Pizza-Brötchen
(für 8-10 Personen)

10 längliche Brötchen (Hermanns Bürli)
300 g Emmentaler
300 g Salami
300 g gekochter Hinterschinken
300 g Champignons frisch oder aus der Dose
300 g frische oder geschälte Tomaten (Dose)
1 Päckchen Sahne
Pizzagewürz

Emmentaler Käse reiben, Salami und Schinken würfeln, Champignons säubern und in feine Scheiben schneiden. Pilze aus der Dose abtropfen lassen. Frische Tomaten brühen, häuten und

zerkleinern. Geschälte Tomaten aus der Dose mit einer Gabel auseinanderpflücken. Alle Zutaten in einer großen Schüssel mischen und mit der flüssigen Sahne vermischen. Die Masse gleichmäßig auf die Brötchenhälften verteilen, mit Pizzagewürz bestreuen und bei 200 Grad ca. 12-15 Minuten überbacken.

Dazu paßt ein kühler Rosé, z. B. »Castel del Monte Rosato«, 1996.

Elsbeth Zuleck
Ludwigsburg

Warme Party-Schnittchen

300 g Gouda
2 Zwiebeln
250 g Kochschinken in Scheiben
3 Eier
2 Eigelb
200 g Butter
2 Knoblauchzehen
Salz
Pfeffer
Petersilie
Weizen- oder Vollkorntoast

Die handwarme Butter mit den Eiern und dem Eigelb in einer Schüssel schaumig rühren. Salzen, pfeffern und die Petersilie dazugeben. Alle anderen Zutaten fein würfeln bzw. schneiden und unter die Buttermasse geben. Löffelweise auf Toastbrotscheiben verteilen und bei 200 Grad im vorgeheizten Backofen bei Umluft überbacken (10-12 Minuten).

Monika Teriet, Stadtlohn

Hawaii-Toast

4 Scheiben Toastbrot
2 EL Butter
2-3 kleine vollreife Tomaten
4 Scheiben gekochter Schinken
4 Scheiben Ananas
4 Scheiben Chesterkäse
Salz
Pfeffer

Toastbrot großzügig mit Butter bestreichen. Mit Tomatenscheiben belegen, salzen, pfeffern und Toastscheiben mit jeweils einer Scheibe Kochschinken belegen. Zum Schluß je eine Scheibe Ananas und Chesterkäse auf-

legen. Im Backofen bei 200 Grad 10-15 Minuten überbacken oder 5 Minuten in der Mikrowelle übergrillen.

Beate Ziegler, Bensheim

Tomaten schmecken besser, wenn sie geschält sind. Dazu die Strünke entfernen und die Tomaten kurz mit heißem Wasser überbrühen. Sie lassen sich dann leichter schälen. Nur das macht den »kleinen Unterschied« aus!

Gefüllte Baguettebrötchen

4 Baguettebrötchen
4 Eier
2 Tomaten
4 Ölsardinen
2 Zwiebeln
4 Blatt Salat
3 EL Remouladensauce
Salz
Pfeffer

Die Baguettebrötchen nach Angabe aufbacken. Die Eier 8 Minuten kochen, abschrecken und pellen, Brötchen aufschneiden und auf jeder Seite mit Remoulade bestreichen. Auf die Unterseiten je ein Blatt Salat legen. Eier in Scheiben schneiden, auf dem Salat verteilen und je eine Ölsardine auflegen. Zwiebeln schälen und in

Ringe schneiden und im Wechsel mit Tomatenscheiben auf die Ölsardinen schichten. Mit Salz und Pfeffer würzen. Die Baguettebrötchen mit den restlichen Brötchenhälften bedecken und leicht andrücken.

Monika Teriet
Stadtlohn

Servieren Sie dazu einen kalifornischen »Cabernet Sauvignon« (Burlwood Cellars, 1996)! Sie werden sehen, die Baguettebrötchen gehen weg wie warme Semmel!

Heiße Brötchen »Aldidente«
(für 6-8 Personen)

24 Baguettebrötchen
2 Becher Schmand
4 EL Pflanzenmargarine (Bellasan)
1 Becher Frischkäse Doppelrahmstufe
250 g Emmentaler Käse in Scheiben
200 g Delikateß-Hinterschinken in Scheiben
150 g junger Gouda geschnitten
200 g Salami
2 Zwiebeln

Emmentaler, Gouda, Hinterschinken und Salami so fein wie möglich kleinschneiden. In einer Schüssel Schmand verrühren und die Käse-Schinken-Salami-Masse unterziehen und einige Minuten ziehen lassen. In einer weiteren Schüssel Margarine mit dem Schneebesen schaumig schlagen und feingeschnittene Zwiebeln untermischen. Baguettebrötchen aufschneiden. Die Hälften mit der Margarine-Zwiebel-Masse bestreichen und mit der angerührten Käse-Schinken-Salamimasse belegen. Bei 180-200 Grad ca. 10-20 Minuten backen. Die Brötchen sind fertig, wenn sie eine goldbraune Farbe haben und die Masse geschmolzen ist.

Ein weiterer Spartip: Falls von der Füllung etwas übrigbleibt, läßt sie sich bis zu 3 Monaten bedenkenlos im Gefrierfach aufbewahren.

Jürgen Reinert, Bietigheim-Bissingen

Lieber Jürgen Reinert! Was halten Sie von einer großen Schüssel mit frischen Blattsalaten zu Ihren »Sparbrötchen« ? Oder haben Sie Angst vor Vitaminen?

Croque Monsieur

200 g Emmentaler, gerieben
4 Eier
Salz
frisch gemahlener weißer Pfeffer
2 TL scharfer Senf
8 Scheiben Toast
Pflanzenmargarine
4 Scheiben gekochter Schinken

Toastbrot mit Pflanzenmargarine bestreichen. Eier schaumig rühren, geriebenen Käse zugeben und mit Salz, Pfeffer und Senf pikant abschmecken. Die Eier-Käse-Masse auf 4 Scheiben Toast aufstreichen. Je eine Scheibe Schinken und eine Toastscheibe auflegen. Die Sandwiches leicht andrücken und die Oberseiten nochmals mit Margarine bestreichen. Die Sandwiches auf ein mit Backpapier ausgelegtes Backblech legen und in den vorgeheizten Backofen schieben. Etwa 15-20 Minuten goldbraun backen.

Angelika Hilpert
Celle

Zu dem französischen Bistrosnack paßt immer auch ein Schluck »Bourgogne Blanc«, Appellation Bourgogne Contrôlée, 1996 – gut gekühlt natürlich!

Mozzarella-Tomaten-Baguettes

8 Baguettebrötchen zum Aufbacken
10 Tomaten
250 g Frischkäse (mit oder ohne Knoblauch)
3 Stück Mozzarella-Käse
Salz
Pfeffer
frische Basilikumblätter

Brötchen längs halbieren und die Hälften üppig mit Frischkäse bestreichen. Tomaten und Mozzarella in Scheiben schneiden und abwechselnd auf die Baguettehälften schichten. Mit Salz und Pfeffer würzen. Mit frischen Basilikumblättern dekorieren. Die Brötchenhälften auf ein mit Backpapier ausgelegtes Backblech legen und im vorgeheizten Backofen bei 200 Grad 10-15 Minuten überbakken, bis der Käse geschmolzen ist und eine knusprige Oberfläche hat.

Dazu paßt ein trockener, kräftiger Rotwein, z. B. Rioja, Viña Lombas, 1996.

Birgit Mangold, Ries

Gefülltes Fladenbrot mit Gemüse

1 großes Fladenbrot
1 kg Tomaten
1 kg Zucchini
1 große Gemüsezwiebel oder 3 mittelgroße Zwiebeln
3-4 zerdrückte Knoblauchzehen
1 Ei
1 Becher Schmand
200 g Schafskäse
Salz

Das Fladenbrot halbieren. Tomaten und Zucchini waschen. Zwiebeln schälen. Alles in Scheiben schneiden und die Unterseite des Fladenbrotes damit belegen. Schafskäse mit einer Gabel, Knoblauch mit dem Messerrücken und etwas Salz zerdrücken. Aus Schmand, Ei, Schafskäse und Knoblauch eine satte Creme rühren und auf die Gemüsescheiben schichten. Brotdeckel auflegen und 10 Minuten im sehr heißen Backofen auf mittlerer Schiene überbacken. In vier Portionen schneiden und heiß servieren.

Christine Barthels
Braunschweig

Dazu paßt immer ein guter Rotwein, wie Chianti oder Rioja!

Gesund & Munter

Fleischlos glücklich: voll im Trend

Leichte Kost mit viel frischem Gemüse und knackige Salate dürfen auf keiner Speisekarte fehlen. Frische Gemüsegerichte machen schlank, sind unkompliziert in der Zubereitung und günstig im Preis. Ob in der schlichten Alltagsversion oder als raffinierte Hauptgerichte mit besonderen Zutaten: das beliebteste und abwechslungsreichste Gemüse ist die Kartoffel. Die große Liebe zur kleinen Knolle fällt so richtig ins Gewicht: jeder von uns beißt sich laut Statistik durch immerhin 75 Kilogramm pro Jahr! Ganz schön viel! Doch wen wundert's?
Kartoffeln sind in der Küche extrem pflegeleicht: einfach waschen, schälen und zubereiten. Sie lassen sich kochen, backen, braten, grillen, überbacken oder füllen. Sie schmecken warm und kalt, als Hauptgericht ebenso köstlich wie als Beilage oder Salat. Frische Salate wie Caesarsalat oder Griechischer Salat schmecken am besten mit einer herzhaften Vinaigrette-Sauce aus Olivenöl (3 Teile), Essig/Zitronensaft (2 Teile), Senf (1 Teil) und frisch gemahlenem schwarzen Pfeffer. Es lohnt sich, mit den Mengenanteilen zu experimentieren und Mischungen verschiedenster Öle und Essige auszuprobieren. Aldi führt

einmal im Jahr einen guten Balsamico-Essig. Da er intensiver schmeckt als andere Essigsorten, sollte man ihn sehr sparsam verwenden. Oder besser noch Salatsaucen nur damit »parfümieren«.

Caesar-Salat

1 Knoblauchzehe
4 EL Olivenöl
3 Scheiben Weißbrot
1 Kopf- oder Eisbergsalat
1 EL Zitronensaft
1 EL saure Sahne
100 g *Parmesan* oder Emmentaler in dünnen Scheiben

Den Backofen auf 180 Grad vorheizen. Knoblauch dünn schneiden und mit etwas Salz fein zerdrücken, in eine Schüssel geben und mit etwas Olivenöl abdecken. 10 Minuten ziehen lassen und ab und zu umrühren. Von den

Weißbrotscheiben die Rinde entfernen, in Würfel schneiden und in wenig Olivenöl in einer Pfanne knusprig braun rösten. Abkühlen lassen. Salat waschen und trockenschleudern oder -tupfen. Mit den größeren Blättern vier Salatschüsselchen auskleiden, die restlichen Blätter in mundgerechte Stücke zerteilen und ebenfalls verteilen. Aus Zitronensaft, Olivenöl, saurer Sahne und evtl. etwas Salz rasch eine Sauce zubereiten und über den

Salat träufeln. Parmesan oder Emmentalerscheiben und die gerösteten Weißbrotwürfel auf die Schüsselchen verteilen und vorsichtig unterheben.

Bärbel Crains, Bamberg

Mit einem Glas Champagner ein gesunder Appetizer für Salatfreaks! Außerdem läßt sich dieser Salat in allen Richtungen aufpeppen: mit Kochschinken, Sardinen, Forellenfilets oder Lachs!

Griechischer Salat

3 Fleischtomaten
1 grüne Paprikaschote
1 Salatgurke
3 Frühlingszwiebeln
250 g Schafskäse
4 EL schwarze Oliven
2 EL Zitronensaft
3 EL Olivenöl
Salz
frisch gemahlener schwarzer Pfeffer

Die Tomaten waschen und achteln, die Paprikaschote waschen und in 2 cm große Quadrate schneiden. Die Gurken schälen und entkernen, anschließend in 1 cm dicke Scheiben schneiden. Zwiebeln in 1 cm lange Stücke schneiden. Alle Zutaten zusammen mit dem würfelig geschnittenen Schafskäse und den Oliven in einer Schüssel anrichten. Aus Zitronensaft und Olivenöl, Salz und Pfeffer rasch eine Salatsauce rühren und den Salat damit beträufeln. Sofort servieren!

Gerda Günter, Landau

Dieser knackige Schlankmacher ist in knapp 15 Minuten fertig und schmeckt vorzüglich!

Warmer Kartoffelsalat mit Petersilie

1,2 kg Kartoffeln
2 mittelgroße Zwiebeln
1/4 l Gemüsebrühe (Instant)
3 EL Olivenöl
2 EL Weinbrandessig
1 EL Balsamico-Essig
1 EL Senf
Salz
Zucker
schwarzer Pfeffer
4 hartgekochte Eier
1 Bund Petersilie

Kartoffeln unter fließendem Wasser abbürsten. In Salzwasser garen und abkühlen lassen. Die Zwiebeln schälen und würfeln und zur warmen Fleischbrühe geben. Öl, Essig und Senf dazugeben. Mit Salz, Pfeffer und einer Prise Zucker abschmecken. Die Kartoffeln pellen und in große Scheiben schneiden, da sie beim Mischen in der Regel auseinanderbrechen. Petersilie waschen, zupfen, trockentupfen und fein wiegen. Die Kartoffelscheiben in einer Schüssel anrichten und mit der Petersilie bestreuen. Die noch warme Sauce darübergeben. Den Salat wenden und 30 Minuten ruhen lassen. Vor dem Servieren mit Eierscheiben dekorieren.

Antonia Riese, Dresden

Gefüllte Kartoffeln

4 große Kartoffeln
60 g Butter
125 g Käse am Stück (Emmentaler oder Gouda)
125 g Thunfisch aus der Dose
1 Eigelb
Salz
Pfeffer
Muskat
1 EL gehackte Kräuter

Kartoffeln unter fließendem Wasser abbürsten und auf einem Blech 45 Minuten bei 250 Grad auf mittlerer Schiene im Backofen garen. Kartoffeln kurz abkühlen lassen und längs halbieren. Kartoffeln mit einem Löffel aushöhlen. dabei einen dünnen Rand stehen lassen. Die Kartoffelmasse mit einer Gabel zerdrücken. Mit Butter, Käsewürfeln, Thunfisch, Eigelb und Kräutern vermengen und mit Salz, Pfeffer und Muskat abschmecken. Die Masse wieder in die Kartoffeln einfüllen und im heißen Backofen nochmals 10-15 Minuten überbacken.

Dazu paßt eine große Schüssel Kopf- oder Eisbergsalat.

Rosemarie Züfle
Unteriflingen

Achtung: Nicht alle Kartoffeln eignen sich für Salate! Am besten schmecken die Salatsorten »Granola« (runde Knollen, gelbe Fleischfarbe), »Linda« (langovale Knolle, tiefgelbe Farbe) oder »Sieglinde« (festkochende Frühsorte mit gelbem Fruchtfleisch).

Kartoffelsalat mit Äpfeln

2,5 kg Kartoffeln
2 Äpfel, 2 Zwiebeln
6-8 Cornichons
2 Becher Joghurt
1 Eigelb, Sonnenblumenöl
Senf, Salz
Pfeffer, Zitronensaft

Kartoffeln kochen, pellen; Äpfel und Zwiebeln schälen und zusammen mit den Gurken in gleich große Würfel schneiden. Rasch aus einem Eigelb und Öl eine feste Mayonnaise rühren und 2 Becher Joghurt dazugeben. Mit Senf, Salz und Pfeffer abschmecken. Die Sauce über die Kartoffeln geben und alles sanft miteinander vermischen.

Christine Barthels, Braunschweig

Handgerührte Mayonnaise erfordert einiges Training oder die peinliche Einhaltung der Zubereitungsvorschrift. Damit sie auf Anhieb gelingt, hier das Erfolgsrezept: Alle Zutaten müssen Zimmertemperatur haben. Ei und Eiweiß säuberlich trennen und in eine runde Schüssel geben. Das Öl mit einem Holzlöffel tropfenweise einrühren. Sowie die Eigelb-Öl-Verbindung eine kompakte Konsistenz hat, den Zitronensaft in kleinen Mengen zugeben. Im Wechsel Öl, Zitronensaft, Senf und Gewürze unterrühren. Falls sie dennoch gerinnt, bleiben Reparaturmaßnahmen wie eingerührtes heißes Wasser, eine Schockbehandlung durch den Pürierstab oder ähnliche Manöver in der Regel erfolglos. Da hilft nur eines: Zurück auf Start und eine neue Mayonnaise ansetzen!

Käsemürbchen

150 g Butter
180 g Emmentaler, gerieben
1/8 l Sahne
1/2 TL Salz
1 TL Paprikagewürz
250 g Mehl
1/2 TL Backpulver

Butter (Zimmertemperatur), geriebenen Käse und Sahne mit dem Knethaken der Küchenmaschine verrühren. Nach und nach die restlichen Zutaten dazugeben und zu Mürbeteig verarbeiten.

Den Teig 2-3 Stunden (oder über Nacht) im Kühlschrank ruhen lassen. Er läßt sich dann besser verarbeiten. Den Teig 5-6 mm stark ausrollen, mit beliebigen Förmchen ausstechen oder einfach nur mit dem Messer kleine

Rauten oder Quadrate ausschneiden. Mit Eigelb bestreichen und auf ein mit Backpapier ausgelegtes Backblech legen. Bei 150 Grad (Umluft) etwa 10-15 Minuten backen.

Iris Hermann
March

Bravo! Das Käsegebäck schmeckt wunderbar zu Wein, z. B. zu 1996er »Frankenberger Schloßstück«, Müller-Thurgau Kabinett, 10%, Qualitätswein mit Prädikat, Deutsches Weinsiegel, halbtrocken.

Champignon-Omeletts (2 Stück)

400 g frische Champignons
2 EL Öl
1 Zwiebel
Salz
Pfeffer
2 TL gehackte glatte Petersilie
6 Eier
2 EL Milch
2 EL Butter

Champignons putzen, waschen und in Scheiben schneiden. Zwiebel schälen und in Würfel schneiden. Öl in der Pfanne erhitzen und Zwiebelwürfel darin glasig dünsten. Champignons zugeben und 15 Minuten garen. Salzen, pfeffern und 2 TL gehackte Petersilie zugeben. Eier mit 2 EL Milch und 2 EL Wasser verquirlen, salzen und pfeffern. 1 EL Butter in der Pfanne heiß werden lassen. Die Hälfte der Eiermasse (für 1 Omelett) mit einer Schöpfkelle einfüllen. Das Omelett in der offenen Pfanne 2 Minuten stocken lassen und weitere 3 Minuten mit Deckel garen. Deckel abnehmen und das Omelett mit einem Pfannenwender vom Rand lösen. Langsam auf einen vorgewärmten flachen Teller gleiten lassen. Mit der Hälfte der Pilze belegen und die andere Hälfte darüberklappen. Das zweite Omelett genauso zubereiten.

Monika Böke, Düsseldorf

Zucchini aus dem Ofen
(für 2 Personen)

500 g Zucchini
Butter für die Form
20 g Knoblauchbutter
1 EL Mehl
1/4 l Milch
50 g geriebener Gouda
oder Emmentaler

Zucchini waschen, putzen und längs vierteln. In eine gebutterte, feuerfeste Form füllen. Knoblauchbutter schmelzen lassen, Mehl einstreuen, Milch angießen und unter ständigem Rühren in 2-3 Minuten bei mittlerer Hitze eine Bechamelsauce zubereiten. Soße über die Zucchini geben und im Backofen 20 Minuten überbacken. Nach 10 Minuten den geriebenen Käse darübergeben und weitere 10 Minuten überkrusten lassen.

Dazu paßt selbstgemachtes Kartoffelpüree.

G. Lausch, Koblenz

Gemüsegerichte machen rank und schlank. Und wenn sie so lecker schmecken, macht Abnehmen richtig Spaß!

Gemüsegratin mit Schafskäse

2 Kartoffeln
250 g Brokkoli
250 g Blumenkohl
200 g Schafskäse
200 g Sahne
1 Knoblauchzehe
Pflanzenmargarine
100 g Gouda
Salz
Pfeffer

Eine feuerfeste Form mit Butter ausfetten und darin eine zerdrückte Zehe Knoblauch verreiben. Rohe Kartoffeln waschen, schälen und in mundgerechte Würfel schneiden. Brokkoli und Blumenkohl putzen, waschen und zerteilen. Schafskäse würfeln. Gemüse und Schafskäse in einer Schüssel mischen und in die Form füllen. Würzen und mit geriebenem Gouda bestreuen. Sahne darüber verteilen und im Backofen auf mittlerer Schiene 35-40 Minuten garen.

Dazu paßt kräftiger Rotwein, z. B. Chianti.

Gabriele Gumpp
Donauwörth

Leipziger Allerlei

125 g kleine Karotten
125 g frischer Spargel
1 Kohlrabi
1 kleiner Blumenkohl
125 g Erbsen aus der Dose
40 g Butter
1/8 l Gemüsebrühe (Instant)
Salz
Zucker
125 g Sahne
1 EL gehackte Petersilie

Die kleinen Karotten waschen, schaben und ganz lassen. Spargel schälen, holzige Teile entfernen und in Stücke schneiden. Kohlrabi schälen und würfeln. Blumenkohl putzen, waschen und in kleine Röschen teilen. Butter auslassen und die Gemüse darin kurz anbraten. Gemüsebrühe angießen und in ca. 15 Minuten garen. Sahne dazugeben und heiß werden lassen. Mit Salz und einer Prise Zucker abschmecken. In einer Glasschüssel anrichten und mit der gehackten Petersilie bestreuen.

Dazu passen Semmelklöße.

Herta Gruhle, Berlin

Bravo! Endlich wurde mal wieder ein bodenständiger Gemüseklassiker vor dem Aussterben bewahrt! Wer es üppiger mag, dekoriert das Traditionsgericht mit in Butter geschwenkten Riesengarnelen (Aldi Nord). Auch lecker!

Neapolitanischer Reis

2 Tassen Reis
2 Tassen Fleischbrühe
2 EL Olivenöl
1 Zwiebel
2 Tomaten
Salz
Pfeffer
100 g geriebener Emmentaler
oder *Parmesan*

Zwiebel schälen, fein würfeln und im Olivenöl goldgelb werden lassen. Reis einrühren und anrösten. Tomaten mit heißem Wasser überbrühen, pellen und in Scheiben schneiden. Auf den Reis legen. Fleischbrühe angießen und bei geschlossenem Deckel garen. Vor dem Anrichten salzen, pfeffern und mit geriebenem Käse überstreuen.

G. Lausch, Koblenz

Safranreis

140 g Langkornreis
2 kleine Zwiebeln
2 Tassen leicht gesalzenes Wasser
1/2 TL Safranpulver
200 g Krabbenfleisch
Zitronensaft
Salz
Pfeffer
1 Knoblauchzehe

Reis waschen, Zwiebeln schälen und vierteln. Wasser im Topf erhitzen und Reis, Zwiebelviertel und Safran zusetzen.

Reis auf kleinster Flamme mit geschlossenem Topfdeckel ausquellen lassen. Krabben mit Zitronensaft beträufeln, salzen, pfeffern und die zerdrückte Knoblauchzehe beimischen. 10 Minuten marinieren lassen. Anschließend 3-4 Minuten in erwärmter Butter schwenken und die Krabben unter den fertigen Reis mischen.

Dazu paßt knackiger Feldsalat

Leonie Nowak, Bonn

Genau das richtige für den wöchentlichen Reistag! Aromatischer als Safranpulver sind jedoch echte Safranfäden, die es in gutsortierten Gewürzhandlungen gibt! Leider nicht ganz so preiswert!

Schwäbische Kässpatzen

400 g Mehl
3 Eier
2 TL Salz
1/4 l Wasser
50 g Grieß
3-4 Zwiebeln
250 g Gouda
Pflanzenmargarine
Sonnenblumenöl

Aus Mehl, Eiern, Grieß und Salz einen zähen Teig rühren. Mit dem Spätzlehobel eine Portion Nudeln in Salzwasser kochen lassen, bis sie an die Oberfläche steigen. Mit dem Schaumlöffel herausnehmen und abtropfen lassen. Auf diese Weise die ganze Teigmasse verarbeiten. Goudakäse reiben und eine feuerfeste Form mit Pflanzenmargarine ausfetten. Spätzle und Käse schichtweise in die Form legen und mit einer Lage Käse abschließen. Im Backofen auf mittlerer Schiene bei 200 Grad überbacken, bis der Käse geschmolzen ist. Inzwischen die Zwiebeln schälen, in Ringe schneiden und im heißen Öl knusprig braun werden lassen.

Dazu paßt eine große Schüssel frischer Salat und ein Glas Edelzwicker.

Gabriele Gumpp, Donauwörth

Lang lebe die Spätzle-Connection!

Linsensalat mit Schafskäse

1 Dose Linsen
100-150 g Schafskäse
8 kleine Kartoffeln
2 EL Essig
4 EL Olivenöl
Pfeffer
Salz
1 Zwiebel oder 2 Frühlingszwiebeln

Kartoffeln in der Schale kochen, pellen und in Scheiben schneiden. Linsen in der Brühe erhitzen. Aus Essig, Öl, Salz, Pfeffer und der kleingehackten Zwiebel eine Vinaigrette herstellen. Schafskäse in kleine Würfel schneiden.

Linsen abgießen und auf einen großen flachen Teller geben. Die Kartoffelscheiben um den Rand legen, Vinaigrette über die Linsen geben, vorsichtig vermengen und den Schafskäse unterheben. Der kulinarische Reiz dieses Gerichtes liegt in der Mischung von warmen Linsen und Kartoffeln einerseits und den kühlen Beigaben wie Vinaigrette und Schafskäse.

Dazu paßt ein frischer Rotwein, z. B. »Beaujolais Villages«.

Dö V.V., Frankfurt am Main

Kartoffelpuffer mit Kräuterquark

1 Packung fertiger Kloßteig
2 Eier
1-2 Tassen Milch
1 EL Butterschmalz
500 g Magerquark
1 Zwiebel
Salz
Pfeffer
Paprikapulver
Schnittlauch

Für den Kräuterquark die Zwiebel schälen und fein würfeln, Schnittlauch waschen und in feine Röllchen schneiden und unter den Quark rühren. Mit Salz, Pfeffer und Paprikapulver abschmecken. 30 Minuten durchziehen lassen. In der Zwischenzeit den Kloßteig mit Eiern und Milch gut verrühren und aus der Teigmasse handgroße Puffer formen. Das Butterschmalz in der Pfanne heiß werden lassen und die Puffer von beiden Seiten goldbraun und knusprig braten. Die fertigen Puffer mit Kräuterquark anrichten.

Jennifer Haußner-Höhn, Coburg

Diesen praktischen Kartoffelteig gibt es leider nur in wenigen Aldi-Filialen. Wer ihn nicht zur Hand hat, nimmt statt dessen eine gute, mehlige Kartoffelsorte und reibt sich einen Kloßteig von Hand!

Quark-Nudel-Auflauf

250 g Bandnudeln
375 g Quark
3 Eier
1/4 l Schmand
2 EL Milch
1 Zwiebel
Salz
Pfeffer
1 TL Butter
Butter für die Form

Nudeln in Salzwasser bißfest kochen, abgießen und abtropfen lassen. Quark mit 1 EL Schmand und Milch glattrühren. Mit Salz und Pfeffer abschmecken. Die geschälte Zwiebel in kleine Würfel schneiden und mit einem TL Butter in der Pfanne knusprig

rösten. Die Auflaufform einfetten und eine Lage Nudeln einfüllen, Zwiebeln und Quarkmasse im Wechsel in die Form schichten. Mit einer Schicht Quark abschließen. Jetzt die Eier mit dem Schmand verquirlen, mit Salz und Pfeffer würzen und über den Auflauf gießen. Bei 180 Grad etwa 45 Minuten auf der untersten Schiene des vorgeheizten Backofens überbacken.

Dazu paßt grüner oder gemischter Blattsalat.

Dö V.V., Frankfurt am Main

Porreetorte

300 g Mehl
200 g Butter
1 TL Salz
1 1/2 kg Porree
3 EL Öl
Salz
Muskatnuß
200 g Schmand
2 Eier
200 g geriebener Emmentaler

Rasch einen Mürbeteig aus Mehl, Butterwürfeln und Salz mit den Händen kneten und eine Stunde im Kühlschrank ruhen lassen. Eine gefettete Springform (28 cm) mit dem flach ausgerollten Teig auslegen, den Rand ca. 1 cm hochziehen und andrücken und 15 Minuten im vorgeheizten Backofen auf mittlerer Schiene backen. Für den Belag Porree putzen, waschen und in feine Streifen schneiden. Im heißen Öl ca. 8-10 Minuten andünsten. Mit Salz und frisch geriebener Muskatnuß würzen. Porree abkühlen lassen. Schmand und Eier verquirlen und zum Porreegemüse geben. Den vorgebackenen Tortenboden damit belegen und mit Käse bestreuen. Weitere 15 Minuten bei 175 Grad fertigbacken.

Christine Barthels, Braunschweig

Superlecker! Nehmen Sie die Porreetorte doch einfach einmal als Geschenk zu Freunden mit. Die freuen sich über eine solche Leckerei!

Kohlrabi-Auflauf

250 g Putenbrust, geräuchert
1 Zwiebel
1 EL Butter
2 mittelgroße Kohlrabi
40 g Butter
40 g Mehl
1 Becher Sahne
2 EL Schmand
Salz
Pfeffer
Muskat
125 g Emmentaler, gerieben

Zwiebel schälen und kleinschneiden. Putenbrust fein würfeln und zusammen mit der Zwiebel in Butter anbraten. Kohlrabi putzen, waschen, holziges Ende entfernen und ebenfalls würfeln. Separat in Salzwasser in ca. 10 Minuten weichkochen und in einem Sieb abtropfen lassen. Im Topf 40 g Butter schmelzen lassen und das Mehl anschwitzen. Mit einem Becher Sahne ablöschen und 2 EL Schmand dazugeben. Mit Salz, Pfeffer und Muskat abschmecken. Gewürfelte Putenbrust mit Zwiebeln und Kohlrabiwürfel hinzufügen. Mit einem Löffel gut mischen und in eine leicht gefettete Auflaufform geben. Geriebenen Emmentaler darüberstreuen und in 30 Minuten bei Mittelhitze überbacken.

Brigitte Berkau, Idstein

Und sonntags schmeckt dazu ein leichter Weißwein wie »Soave Classico«, D.O.C., 1997, oder ein Qualitätswein aus Rheinhessen, z. B. »Müller-Thurgau«, 1997, vorzüglich.

Auberginen-Roulade

1 kleine Dose geschälte Tomaten
1 Zwiebel
Olivenöl
Salz
frisch gemahlener schwarzer Pfeffer
200 g (4 Stück) große, längliche Auberginen
300 g Mozzarella
50 g *frisch geriebener Parmesan* (oder Edamer)
Küchenkrepp

Zwiebel schälen und kleinschneiden und in 3 EL Olivenöl weichdünsten. Geschälte Tomaten dazugeben und im offenen Topf einkochen lassen. Mit Salz und Pfeffer würzen. Auberginen längs teilen und in 1/2 cm dicke Scheiben schneiden. Die Scheiben nacheinander in Olivenöl von beiden Seiten 2 Minuten anbraten und auf Küchenpapier abtropfen lassen. Anschließend jeweils 2 Auberginenscheiben dicht nebeneinander legen, mit einer Scheibe Mozzarella belegen, salzen, pfeffern und aufrollen. In eine gefettete, feuerfeste Form schichten. Tomatensauce über den Auberginenrouladen verteilen und mit Parmesan bestreuen. Im vorgeheizten Backofen bei 200 Grad 15–20 Minuten überbacken.

Regine Petzold
Bonn

Dazu schmeckt frisch geröstetes Weißbrot und eine Flasche trockener Rotwein, z. B. Chianti Classico, »Le Casine«, D.O.C.G., 1996.

Ratatouille

4 mittelgroße Tomaten
Je 1 feste rote, gelbe und grüne Paprika
1 große Aubergine
2 kleine Zucchini
1 Zwiebel
2-4 Knoblauchzehen
4 EL Olivenöl
Salz
frisch gemahlener Pfeffer aus der Mühle
3-4 EL Instant-Gemüsebrühe
frische Basilikumblätter

Die Tomaten mit kochendem Wasser überbrühen, Haut abziehen, Stielansätze entfernen und das Fruchtfleisch würfeln. Die Paprikaschoten waschen, halbieren, Kerne heraustrennen und die Hälften mit einem Kartoffelschäler dünn schälen. Paprikafleisch in 1 cm große Würfel schneiden. Aubergine mit einem scharfen Küchenmesser schälen und würfeln, Zucchini waschen und ebenfalls würfeln. Zwiebel schälen und in dünne Schnitze zerteilen. Knoblauch sehr fein hacken. Olivenöl in einer tiefen Pfanne stark erhitzen. Auberginenwürfel braun anbraten. Zwiebeln und Knoblauch dazugeben. Nach und nach Zucchini und Paprika, kurz vor Ende der Garzeit auch die gewürfelten Tomaten hinzufügen. Mit Salz und Pfeffer würzen. Falls die Gemüse nicht genügend Saft ziehen, vorsichtig

3-4 EL Gemüsebrühe angießen. Das Ratatouille darf jedoch nicht schwimmen! Zum Schluß üppig mit Basilikumblättern dekorieren.

Anna Kruse, Wiesbaden

Falls die angegebenen Zutaten nicht im Hause sind, greifen Sie zu allen Gemüsen, die Sie in Ihrem Kühlfach finden. Denn die meisten Gemüsesorten lassen sich kleinschneiden und mit Olivenöl und Knoblauch zubereiten. Schärfen Sie anstelle von Knoblauch auch einmal mit Ingwer oder getrockneten Peperoni. Die Ergebnisse überzeugen selbst verwöhnte Gäste!

Zwiebelkuchen

500 g Mehl
1 Beutel Trockenhefe
1/4 l lauwarmes Wasser
1/2 TL Salz
1 kg Zwiebeln
2 Eier
1/2 Becher Schmand
Salz
Pfeffer
Knoblauch
100 g Gouda
2 EL Sonnenblumenöl

Für den Teig: Mehl und Trockenhefe wie angegeben vermischen. Lauwarmes Wasser und 1/2 glattgestrichenen TL Salz hinzufügen und aufs doppelte Volumen aufgehen lassen. In der Zwischenzeit die Zwiebelfüllung zubereiten. Zwiebeln schälen, vierteln und in

Streifen schneiden. In einem großen Topf mit Öl anbraten und 10 Minuten zugedeckt schmoren lassen. Schmand, Eier und Gewürze hinzufügen und mit dem gehobelten Käse verrühren. Den Teig nochmals vor dem Ausrollen kneten und auf einem gefetteten Backblech ausrollen. Nochmals kurz gehen lassen (10 Minuten). Die abgekühlte Zwiebelmasse darauf verteilen und 30 Minuten im vorgeheizten Backofen bei 175 Grad backen.

Christine Barthels
Braunschweig

Möhrchen mit Kümmel
500 g kleine Möhren
30 g Butter
1 EL Olivenöl
1/2 TL Kümmel
Salz
frisch gemahlener Pfeffer

Möhren waschen und schälen. Mit dem Küchenmesser in dünne Scheiben schneiden und in kaltem Wasser aufsetzen. Ca. 5 Minuten kochen, abgießen und im Sieb abtropfen lassen. Die Butter im heißen Öl erhitzen, Kümmel dazugeben und Möhren darin wenden. Ohne Zugabe von Flüssigkeit im geschlossenen Topf gardünsten. Mit Salz und Pfeffer abschmekken.

Sophie Sattler, Bischofsheim

Karotten passen gut zu Lamm- oder Rinderbraten. Reste lassen sich unter Zusatz von Instant- Gemüsebrühe leicht in eine schmackhafte Suppe verwandeln. Dazu die Möhren in der Brühe erhitzen und mit dem Pürierstab rasch zu einer sämigen Suppe verquirlen. Mit Petersilie, Schnittlauch oder geriebenem Ingwer würzen.

Kidneybohnen mit Schafskäse

400 g Kidneybohnen aus der Dose
1/2 Zwiebel oder 1 Frühlingszwiebel
100 g Schafskäse
1 EL Essig
2 EL Distelöl
Salz
Pfeffer

Die Bohnen in ein Sieb geben und kurz unter fließendem Wasser abbrausen. Schafskäse in Würfel schneiden. Zwiebel schälen und hacken bzw. Frühlingszwiebel putzen, waschen und in dünne Rädchen schneiden. Aus Essig, Öl, Salz, Pfeffer und Zwiebelstücken eine Vinaigrette rühren. Abgetropfte Bohnen in eine Schüssel geben, Vinaigrette darübergießen und vermischen. Die Schafskäsewürfel darüberstreuen und durchziehen lassen.

Dö V.V., Frankfurt am Main

informiert:

Anstelle von Schafskäse munden Kidneybohnen auch vorzüglich mit Thunfischstücken.

Eier auf Spinat

450 g Rahmspinat (tiefgefroren)
6-8 frische Eier
2 Zwiebeln
2 EL Butter
150 g gestiftelter Edamer
200 g Sahne
Salz
Pfeffer
Muskat

Zwiebeln schälen und kleinschneiden. Butter in einem Topf zerlassen und Zwiebeln darin 2 Minuten andünsten. Den noch gefrorenen Spinat hineingeben und wie angegeben garen. Mit Salz, Pfeffer und Muskat würzen. Die Eier ca. 10 Minuten kochen, abschrecken und pellen. Eine

Auflaufform buttern und die Spinatmasse einfüllen. Die Eier halbieren und auf den Spinat legen. Sahne darübergießen und zum Schluß den Käse dazugeben. Im vorgeheizten Backofen bei 170 Grad ca. 10 Minuten überbacken.

Monika Teriet, Stadtlohn

Zum vegetarischen Dreiteiler fehlt nur ein richtig guter, handgemachter Kartoffelbrei mit Sahne. Einfach und gut!

Lachs & Co.

Fischers Fritze fischt frische Fische

Nordlichter haben, was Fisch angeht, einen klaren Heimvorteil: Wer bei Aldi (Nord) eine ganze Lachsforelle, Filets vom Rotbarsch oder Lachs in Scheiben angelt, hat einen guten Fang getan. Fisch, selbst aus der Tiefkühltruhe, ist gesund und »küchenfreundlich«. Olivenöl, Salz, Pfeffer und Zitrone, mehr ist überhaupt nicht nötig, um in 3-4 Minuten ein köstliches Fischgericht zu zaubern. Fisch ist für die Turbo-Küche unentbehrlich. Sauce? Überflüssig! Fisch schmeckt auch so nach Meer! Scampi mit Knoblauch, pikantes Krabbenrührei und köstliche Forellenmousse zählen zu den Leckereien, die Ferienlaune machen! Dill und Petersilie nicht vergessen! Öffnen Sie den Kühlschrank und nehmen Sie eine Flasche trockenen Weißwein heraus, damit der Fisch ordentlich schwimmen kann.

Matjes mit Äpfeln

4 Matjesfilets
1 kleine Flasche Mineralwasser
4 hartgekochte Eier
3 säuerliche Äpfel (Braeburn)
2 EL frischer Zitronensaft
3 Gewürzgurken oder 8 Cornichons
1 Zwiebel
80 g Mayonnaise (fertig)
6 EL Joghurt
4 EL Schmand
1 TL Senf
1 Prise Zucker
Salz
frisch gemahlener Pfeffer
Küchenkrepp

Die Matjesfilets ca. 1 Stunde in Mineralwasser wässern. Herausnehmen und mit Küchenkrepp trockentupfen. Anschließend in mundgerechte Stücke schneiden und in eine Schüssel legen. Die hartgekochten Eier abpellen, Eigelbe herausdrücken und separat legen. Eiweiß fein würfeln und in die Schüssel geben. Äpfel schälen, Kerngehäuse entfernen, vierteln und fein würfeln. Mit Zitronensaft beträufeln und zum Fisch geben. Zwiebel schälen, kleinschneiden und zusammen mit den kleingeschnittenen Gewürzgurken oder Cornichons in die Schüssel geben. Mayonnaise mit Eigelb, Joghurt, Schmand und Senf verrühren. Mit Salz, Pfeffer und einer Prise Zucker würzen. Die Sauce über die Matjes geben und gut mit allen Zutaten vermischen. Etwa 1 Stunde im Kühlschrank ziehen lassen.

Birgit Dexheimer, Darmstadt

Klassisches Katerfrühstück
(für 2 Personen)

300 g Heringsfilets ohne Haut
1/2 Tasse Essig
1/2 Tasse Olivenöl
1 EL Zucker
1/2 TL weißer Pfeffer
1 kleine Zwiebel
Toastbrot
Butter

Heringsfilets im Sieb abtropfen lassen und mit Küchenkrepp trockentupfen. In einer Glasschale Essig, Zucker, Pfeffer und Olivenöl verrühren. Zwiebel schälen, in Ringe schneiden und dazugeben. Heringsfilets in mundgerechte Happen schneiden und unterheben. Mindestens einen Tag bei Zimmertemperatur marinieren. Vor dem Verzehr kühlen und mit geröstetem Toastbrot und Butter servieren. Dazu gut gekühltes Bier!

Reinhard Burda, Wiesbaden

Rotwein-Hering

10 Matjesfilets
1/4 l guter, trockener Rotwein
1/4 l Weinessig
250 g Zucker
2 Lorbeerblätter
2 Nelken
1 TL schwarzer Pfeffer
375 g Zwiebeln

Rotwein, Weinessig, Zucker und Gewürze kräftig aufkochen. Zwiebeln schälen, in Ringe schneiden und dazugeben. Kurz mitkochen und den Sud beiseite stellen. Abkühlen lassen. Matjesfilets im Sieb abtropfen lassen, anschließend mit lauwarmem Wasser abbrausen, mit Küchenkrepp trockentupfen und mit einem scharfen Messer jeweils dritteln. Mit einer Schöpfkelle die Zwiebelringe aus dem Sud fischen und abwechselnd mit den Matjeshappen in einer Glasschüssel übereinander schichten. Zum Schluß mit Sud begießen und zugedeckt mindestens zwei Tage durchziehen lassen.

Christa Schmidt, Hamburg

Scampi mit Knoblauch

400 g Scampi
3 EL Olivenöl
3 Zwiebeln
4 Knoblauchzehen
2 Tomaten
1 kleine Dose Tomatenmark
100 ml (1 Glas) Weißwein,
z. B. Chardonnay Blanc
1 TL Instantbrühe
frisch gemahlener Pfeffer
1 Prise Zucker
frisches Basilikum

Das Olivenöl in der Pfanne erhitzen. Zwiebeln und Knoblauchzehen schälen und kleinhacken und im Öl glasig dünsten. Tomaten mit heißem Wasser übergießen, häuten, Stielansätze entfernen und kleinschneiden. Tomatenmark, Weißwein, Brühe, Pfeffer und Zucker hinzufügen. Bei mittlerer Hitze in der offenen Pfanne einkochen lassen. Scampi auf vier feuerfeste Förmchen verteilen. Knoblauchsoße darüber verteilen und im vorgeheizten Backofen bei 200 Grad ca. 15 Minuten backen. Mit frischen Basilikumblättern bestreuen und heiß servieren.

Dazu passen frisches Stangenweißbrot und gekühlter »Chardonnay Blanc«.

Monika Böke, Düsseldorf

Olé, Señora Böke!

Forellen-Mousse auf Toast

200 g geräucherte Forellenfilets
3 hartgekochte Eier
2 EL Mayonnaise
2 EL Magerquark
1 TL geriebener Meerrettich
1 EL Dill
Salz
weißer Pfeffer
Zitronensaft
Toastbrot

Die Räucherforellenfilets in Würfel zerteilen und in eine Schüssel geben. Eier halbieren und das Eigelb zu den Filetstücken geben. Mayonnaise, Eigelb, Quark und Meerrettich zugeben. Mit dem Pürierstab zu einer satten Mousse verarbeiten und mit Salz, Pfeffer und Zitronensaft abschmekken. Toastbrot rösten, die Forellenmousse aufstreichen und mit Dill und kleingehacktem Eiweiß garnieren.

Ursula Brücksken, Duisburg

informiert:

Forellenmousse auf Toast eignet sich als Vorspeise oder als kleiner Abendimbiß!

Thunfisch-Mayonnaise

100 g Thunfisch aus der Dose
1/2 Bund glatte Petersilie
1 Knoblauchzehe
2 Eigelb
1 TL scharfer Senf
1/4 l Olivenöl
1/2 Zitrone
1 TL Kapern
Salz
Pfeffer

Für die Mayonnaise müssen alle Zutaten gleiche Raumtemperatur haben. Thunfisch abtropfen lassen und mit der gewaschenen, gezupften Petersilie und den Kapern im Mixer fein pürieren. Eigelb und Senf dazugeben. Das Olivenöl langsam bei laufendem Mixer in kleinen Mengen einfließen lassen, bis eine cremige Mayonnaise entsteht. Mit Zitronensaft, Salz und Pfeffer abschmecken.

Herta Klein, München

Der Allround-Dip schmeckt köstlich zu dünn aufgeschnittener Putenbrust (Aldi), kaltem gekochten Kalbfleisch (Vitello tonnato) oder einfach zu frisch geröstetem Weißbrot oder Toast.

Krabbenrührei auf Schwarzbrot

6 frische Eier
3 EL Milch
Salz
Pfeffer
Worcester-Sauce
3 EL Butter
300 g Krabben
4 Scheiben Schwarzbrot
1 Bund Dill

Eier aufschlagen und in einer Schüssel mit Milch kräftig verquirlen. Mit Salz, Pfeffer und Worcester Sauce abschmecken. Krabben abtropfen lassen. 1/2 EL Butter in einer Pfanne schmelzen lassen. 1/4 der Eiermasse darin stocken lassen. Sobald die Masse stockt, 1/4 der Krabben dazugeben und das Rührei vom Pfannenboden losrühren. Auf diese Weise 4 Portionen Rührei zubereiten. Schwarzbrote mit der restlichen Butter bestreichen, das Rührei darauf verteilen und den gewaschenen, gezupften und gehackten Dill darüberstreuen.

Leonie Nowak, Bonn

Liebe Leonie! Mehr Mut zur Würze! Rühreier sind ideal für die superschnelle feine Küche! Frische Kräuter wie Schnittlauch, Pimpernelle, Sauerampfer, Borretsch, frisches Knoblauchkraut oder Löwenzahn veredeln die leckere Eierspeise im Handumdrehen.

Lachsmousse-Dip

200 g geräucherter Lachs in Scheiben
125 g geräucherte Forellenfilets
200 g Schmand
1/2 grüne Paprikaschote
Cayenne-Pfeffer
100 g Schlagsahne

Lachsscheiben und Forellenfilets in einer Schüssel pürieren. Schmand unterrühren. 1/2 grüne Paprika waschen, entkernen und fein würfeln und zur Mousse geben. Mit Cayenne-Pfeffer abschmecken. Zum Schluß die Sahne sehr steif schlagen und unter die Mousse heben. Im Kühlschrank mehrere Stunden durchziehen lassen.

Dö V.V., Frankfurt am Main

Krabben-Curry (für 2 Personen)
2 EL Mandeln
1 EL Rosinen
2 hartgekochte Eier
250 g Langkornreis
1 Zwiebel
2 TL Currypulver
1/8 l Gemüsebrühe (Instant)
5 EL süße Sahne
250 g Nordseekrabben
Salz
30 g Butter
weißer Pfeffer

Rosinen ca. 10 Minuten in warmem Wasser einweichen. Mandeln mit heißem Wasser übergießen, pellen, stifteln und in wenig Butter goldgelb rösten. Eier schälen und mit einem Messer kleinhacken. Reis in Salzwasser nach Vorschrift garen. Inzwischen Zwiebel schälen, feinhacken und in der Pfanne hellbraun braten. Currypulver einrühren. Mit heißer Gemüsebrühe ablöschen und einige Minuten aufkochen lassen. Vorsichtig Sahne angießen und mit Salz und Pfeffer abschmecken. Abgetropfte Krabben dazugeben. Umrühren und heiß werden lassen. Zum Schluß Mandelstifte, trockengetupfte Rosinen und Eier hinzufügen. Zum dampfenden Reis servieren.

Ulrike Pingen-Rosenburg, Kerpen

Aufgepaßt bei Krabbengerichten! Krabben dürfen nur sanft erwärmt und nicht mehr gekocht werden, sonst werden sie hart und schmecken wie Krokodilszunge!

Rotbarsch unter Zwiebeln

4 Rotbarschfilets tiefgekühlt
Zitronensaft
1 Tüte Zwiebelsuppe
1/4 l Sahne
Salz
Pfeffer

Die Rotbarschfilets auftauen, abwaschen und trockentupfen. Die Filets mit Zitronensaft beträufeln und in eine mit Butter eingefettete Auflaufform geben. Die fertige Zwiebelsuppe über die Filets streuen. Sahne leicht anschlagen und mit Salz und Pfeffer würzen. Gleichmäßig über die Filets gießen. Die Form in den vorgeheizten Backofen schieben und auf mittlerer Schiene bei 175 Grad überbacken.

Dazu passen Bratkartoffeln oder Kartoffelgratin

Monika Teriet, Stadtlohn

Liebe Frau Teriet! Tolle Idee mit der Fertigsuppe! Frische Zwiebeln tun ihren Dienst natürlich auch, und das geht so: 1 große Zwiebel in schmale Schnitze schneiden, in 2 EL Olivenöl knackig braun rösten und über die Rotbarschfilets geben. Ansonsten wie oben angegeben verfahren.

Scharfe Fischsuppe
400 g Fischfilet tiefgefroren
2 Zwiebeln
3 EL Olivenöl
2 Knoblauchzehen
2 grüne Paprikaschoten
2 rote Paprikaschoten
1/2 TL Salz
frisch gemahlener schwarzer Pfeffer
1/8 l Weißwein, trocken z. B. Soave Classico
3/4 l Gemüsebrühe (Instant)
1 EL Zitronensaft
1 EL Zucker
1 TL Cayenne-Pfeffer
2 Lorbeerblätter
1 TL Majoran frisch oder getrocknet
1 TL Thymian frisch oder getrocknet

Fischfilets auftauen lassen. In der Zwischenzeit Zwiebeln und Knoblauch schälen, feinhacken und im heißen Olivenöl mit den Lorbeerblättern anrösten. Paprikaschoten waschen, halbieren, entkernen und in Streifen schneiden. Das Gemüse zu den Zwiebeln geben und mitschmoren. Wein und Gemüsebrühe angießen und mit den restlichen Gewürzen abschmecken. Ca. 20 Minuten sanft einkochen lassen. Zum Schluß Zitronensaft und Zucker dazugeben und die Hitze reduzieren. Die aufgetauten Fischfilets abbrausen und mit Küchenkrepp trockentupfen. In mundgerechte Stücke schneiden und im Sud ca. 10 Minuten ziehen lassen.

Annegret Waider, Harburg

Hühnchen & Hähnchen

Das Huhn im Topf erspart den Schweinebraten

Hähnchen ist Trumpf! Je jünger der Vogel, desto besser, denn seine zarten Filets sind das A und O der schnellen Schlemmerküche! Mit Hähnchenfilets, Enten- oder Putenbrust lassen sich rasch köstliche Gerichte zubereiten. Und alles ohne großes Federlesen! Entenbrust und Geflügelfilets gibt es nur bei Aldi Nord. Filets vom Federvieh lassen grundsätzlich so ziemlich alles mit sich machen: man kann sie marinieren, grillen, braten, überbacken, kochen oder garen. Es geht zudem nichts über eine hausgemachte Hühnerbrühe aus zartem Brustfleisch, sie ist Gold wert für Leib und Seele und besitzt legendäre Heilkraft. Geschnetzeltes Filet läßt sich mit allen Gemüsesorten kombinieren und ruck-zuck in ein rundum vollwertiges Gericht verwandeln. Außerdem sind feine Hühnergerichte wie »Geflügel-Curry« eine echte Alternative zum schweren Schweinebraten. Helles Geflügelfleisch ist in der Qualität oft besser als aufgeschwemmtes rotes Fleisch von Rind, Kalb oder Schwein. Wer jedoch ein frisches Huhn oder einen echten Bauerngickel nach Hause tragen möchte, hat beim Discounter leider schlechte Karten.

Filetgeschnetzeltes

500 g Hähnchenbrustfilet, frisch oder tiefgefroren
2 große Zwiebeln
175 g Pilze
200 g Sahneschmelzkäse
150 g Schmand
1 EL Butter

Gefrorene Hähnchenfilets auftauen lassen, frische kurz abbrausen und trockentupfen. Champignons abtropfen lassen, große Köpfe halbieren. Zwiebeln schälen, würfeln und in Butter anbraten. Trockengetupfte Brustfilets in 0,5 cm breite Streifen schneiden und die Champignons dazugeben. Kurz mitbraten lassen. Brustfiletstreifen und Zwiebeln in eine gut gefettete Auflaufform geben. Sahnekäse und Schmand verrühren.

Ein Stück zerlassene Butter unterrühren und über das Geschnetzelte geben. Backofen auf 175-200 Grad vorheizen und das Geschnetzelte darin 20-25 Minuten garen. Auf vorgewärmten Tellern servieren.

Dazu paßt Reis und Salat, außerdem ein leichter italienischer Weißwein, z. B. »Soave Classico«, D.O.C., 1997, oder »Gavi«, D.O.C., 1997.

Brigitte Schiffer
Garmisch-Partenkirchen

Tiefgefrorenes Geflügelfleisch nimmt man zum Auftauen besser aus der

Folie heraus, legt es auf ein Sieb und läßt es im Kühlschrank langsam auftauen. Das dauert zwar länger als bei Raumtemperatur, dafür wird das Fleisch nicht trocken. Mit kaltem Wasser abbrausen und mit Küchenkrepp trockentupfen!

Überbackene Putenbrust

500 g Putenbrust, tiefgefroren
500 g Tiefkühlgemüse (Blumenkohl, Brokkoli, Möhren)
2 Becher Schmand
2 Becher Sahne
1/8 l Gemüsebrühe (Instant)
frisch gemahlener schwarzer Pfeffer

Die tiefgefrorenen Putenbrustfilets in eine große, gefettete Auflaufform geben und im vorgeheizten Backofen bei 200 Grad ca. 15 Minuten vorgaren. Tiefkühlgemüse darauf verteilen. Schmand, Sahne und 1/8 l Gemüsebrühe verrühren. Mit frisch gemahlenem Pfeffer abschmecken. Die Sauce über Gemüse und Putenbrustfilets verteilen und weitere 45 Minuten im Backofen fertiggaren.

Dazu passen Reis, Kartoffeln oder Weißbrot und ein eleganter Weißwein, z. B. »Chablis«.

Silke Zanters, Vienenburg

Ente à l'Orange (nach A. Biolek)

1 Entenbrust
0,1 l Cointreau
Saft einer Orange
Salz
Pfeffer
0,1 l Sahne

Die Haut der Entenbrust mit einem scharfen Küchenmesser kreuzweise einschneiden. Die Brust mit der Hautseite in die heiße Pfanne legen und im eigenen Fett ca. 8 Minuten scharf anbraten, wenden und die Fleischseite ca. 6 Minuten braten. Vor dem Wenden mit Cointreau ablöschen. Die fertig gebratene Entenbrust rundherum mit Alufolie einschlagen und ruhen lassen. Inzwischen die Sauce zubereiten. Dazu den Bratenfond mit dem Saft einer Orange ablöschen. Salzen, pfeffern und die Sahne angießen. Die Entenbrust mit einem scharfen Messer in feine Scheiben schneiden und in die heiße Sauce legen. Kurz darin erwärmen lassen und auf warmen Tellern servieren.

Dazu paßt frisches Baguette und grüner Salat.

Christine Barthels
Braunschweig

Bravo, Frau Barthels! Das nenne ich superschnelle Schlemmerküche!

Gratin von Putenbrust und Lachs (für 2 Personen)

100 g Räucherlachs
150 g geräucherte Putenbrust
500 g Brokkoli
1 EL Butter
1/8 l Sahne
1 Ei
1 EL geriebener Käse
Salz
weißer Pfeffer

Brokkoli waschen, putzen und in Röschen schneiden. In Salzwasser in ca. 10 Minuten garen. Räucherlachs und Putenbrust in Streifen schneiden, salzen und pfeffern. Putenbruststreifen in Butter anbraten und in eine Auflaufform geben. Brokkoli und Lachsstreifen darüber verteilen. Sahne und Ei verquirlen, würzen und über den Auflauf geben. Zum Schluß geriebenen Käse dazugeben und im Backofen bei mittlerer Hitze 30 Minuten backen.

Anja Schmidtke
Kisdorf

Wer auf die Strünke beim Brokkoli nicht verzichten möchte, schneidet die Stangen über Kreuz kräftig ein. So werden Röschen und Strünke gleichzeitig »durch«.

Hähnchenbrust mit Spargel und Käse

4 Scheiben Hähnchenbrustfilet
4 Scheiben Toast
8 Scheiben Käse (z. B. Gouda)
230 g Spargel aus dem Glas
2 EL Butter
Salz
Pfeffer
Zitronensaft

Butter in der Pfanne zerlassen und die Hähnchenbrustfilets bei starker Hitze von beiden Seiten goldbraun anbraten und warm stellen. Die Toastscheiben mit Butter bestreichen und leicht mit Salz und Pfeffer würzen. Einige Spritzer Zitronensaft darübergeben. Jede Toastscheibe nacheinander mit Käse, Hähnchenbrustfilet, abgetropftem Spargel und einer weiteren Scheibe Käse belegen. Die fertigen Toasts 10 Minuten im vorgeheizten Umluftherd bei 200 Grad überbacken, bis der Käse zerlaufen ist und eine schöne Farbe hat.

Monika Teriet, Stadtlohn

Huhn mit Zwiebeln

750 g Hühnerbrustfilets
Salz
Pfeffer
etwas Weizenmehl
5 EL Olivenöl
2 Knoblauchzehen
1/4 l trockenen Weißwein
1 TL Thymian, getrocknet
2 EL frische Petersilie
10 kleine Zwiebeln
1 EL Butter
etwas Puderzucker

Hühnerfilets waschen und mit Küchenkrepp trockentupfen, salzen, pfeffern und in Mehl wenden. Olivenöl im Schmortopf heiß werden lassen und die Hühnerbrustfilets von beiden Seiten darin goldbraun braten. Mit Weißwein ablöschen. Knoblauch, Thymian und Petersilie dazugeben. Inzwischen die kleinen Zwiebeln schälen, ganz lassen und separat in einer Pfanne mit etwas Butter rundherum braun werden lassen. Zum Schluß etwas Puderzucker darüberstreuen und karamelisieren. Dann in den Schmortopf geben und dort noch ca. 15 Minuten mitköcheln lassen. Sobald Fleisch und Zwiebeln gar sind, alles herausnehmen und heiß auf vorgewärmten Tellern servieren.

Dazu paßt frisches Baguette und ein kräftiger weißer Burgunder z. B. »Bourgogne Blanc", Chardonnay, 1996.

Gerda Grieshauer, Mittenwald

Hähnchentopf mit Möhren

200 g Möhren
1 Lauchstange
40 g Butter
1 1/4 l Hühner- oder Gemüsebrühe (Instant)
Salz
frisch gemahlener Pfeffer
100 g Hartweizennudeln, z. B. Spiralen
1 kg Hähnchenbrustfilets
2 Eigelb
6 EL Sahne
1 EL Zitronensaft
1 Prise Zucker

Möhren und Lauch waschen. Die Möhren schälen und beides in 0,5 cm dicke Scheiben schneiden. Butter im Topf schmelzen lassen und das Gemüse darin andünsten. Die Hühner- oder Gemüsebrühe angießen und aufkochen lassen. Mit Salz und Pfeffer abschmecken. Nudeln dazugeben und 10 Minuten bei schwacher Hitze köcheln lassen. Hähnchenfilets in mundgerechte Würfel schneiden, untermischen und 5 Minuten bei kleiner Flamme mitköcheln lassen. Inzwischen Eigelb, Sahne und Zitronensaft verquirlen und unterrühren. Nochmals mit Salz, Pfeffer und Zucker abschmecken und sofort servieren.

Ariane Herzog, Augsburg

Dieser Eintopf schmeckt wie alle dicken Suppen aufgewärmt am nächsten Tag noch mal so gut!

Hähnchenfilets in Zitronensauce

300 g Hähnchenbrustfilets
Saft und Schale einer unbehandelten Zitrone
1 Knoblauchzehe
3 EL Pflanzenöl
Salz
weißer Pfeffer
2 cm Ingwerwurzel
1/8 l Gemüsebrühe (Instant)

Fleisch unter fließendem Wasser abbrausen und trockentupfen. Die Filets in 1/2 cm dünne Scheiben schneiden und mit Zitronensaft beträufeln. Knoblauch und Ingwerwurzel schälen, fein reiben und zu den Filetstreifen geben. Umrühren und 20 Minuten marinieren lassen. Pflanzenöl in der Pfanne heiß werden lassen, Filetstreifen darin kurz scharf anbraten, mit Brühe ablöschen und mit Salz und weißem Pfeffer abschmecken. Hühnerfleisch mit dem Schaumlöffel aus der Pfanne nehmen, warm stellen. Inzwischen den Bratensaft loskochen und die Sauce reduzieren. Geriebene Zitronenschale dazugeben und Sahne angießen. Nicht mehr kochen. Filetstreifen nochmals kurz in der Sauce heiß werden lassen und auf vorgewärmten Tellern servieren.

Dazu paßt Baguette oder Reis, ein Elsässer Riesling oder ein Loire-Wein, z. B. Muscadet oder Blanc de Blancs.

Gabriele Riese, Bad Soden

Schon gewußt? Ungespritzte Zitronen ergeben fast die doppelte Saftmenge, wenn man sie vor dem Gebrauch 15 Minuten in heißes Wasser legt.

Deftiges

Hausmannskost – wie bei Muttern

Wir kennen sie, wir lieben sie: die deftige deutsche Hausmannskost. Zum Abspecken nur bedingt geeignet, sind diese Klassiker aber dann und wann schon eine Eß-kapade wert. Die meisten von ihnen stammen aus sorgsam gehüteten Familienrezepten, werden unverändert immer wieder zubereitet und schmecken deshalb klassisch gut! »Fleischpflanzerl«, »Hamburger Labskaus mit Spiegelei«, »Blaue Zipfel« oder »Birnen, Bohnen, Speck« zählen zu den kulinarischen Highlights, von denen man nicht genug kriegen kann. Gelingen die Klassiker nicht auf Anhieb, experimentieren Sie! Setzen Sie Gewürze, frische Kräuter oder Scharfmacher ein. Fehlt der Cayenne-Pfeffer im Gewürzregal, klingeln Sie bei der Nachbarin! Und das Schönste bei der Hausmannskost: es läßt sich munter dazu trinken. Zum Beispiel kräftige Rotweine wie chilenischer (Aldi Nord) oder kalifornischer Cabernet-Sauvignon (Aldi Süd), kräftiger Rioja aus Spanien (Aldi Süd) oder auch ganz schlicht: ein Glas gut gekühltes Bier.

Fleischpflanzerl

750 g Rinderhackfleisch
250 g Quark 40%
3 Eier
1-2 TL Majoran, frisch oder gerebelt
Salz
Pfeffer
5-6 EL Olivenöl

Den Quark mit Majoran, Salz und Pfeffer abschmecken und 30 Minuten durchziehen lassen. Eier und Hackfleisch hinzufügen und das Ganze zu einem geschmeidigen Teig verarbeiten. Mit einem Löffel kleine Portionen abstechen und mit nassen Händen flache Fleischbällchen formen. Olivenöl in der Pfanne erhitzen und die Pflanzerl darin von beiden Seiten knusprig braten. Sollte der Teig zum Formen zu feucht sein, 1-2 EL Haferflocken in den Teig einarbeiten, bis sich kompakte Bällchen formen lassen.

Dazu schmeckt Kartoffelsalat und ein guter, trockener Rotwein, z. B. Chianti Classico.

Christel Graf
München

Lecker! Scharf gewürzt eignen sich kalte Frikadellen, zwischen zwei Schwarzbrotscheiben gedrückt, hervorragend als TV-Kost. Die Werbepause reicht gerade zur Vorbereitung!

Hamburger Labskaus mit Spiegelei

500 g Instant-Kartoffelpüree
1 l Milch 3,5%
500 g Pökelrindfleisch aus der Dose
100 g rote Bete
1 Glas Cornichons
1 EL Butter
4 Eier

Das Kartoffelpüree nach Vorschrift zubereiten. Rindfleisch in einem kleinen Topf sanft erwärmen und unter das Püree rühren. Rote Bete abgießen und etwas Saft zum Kartoffel-Rindfleisch-Püree geben. Vier Spiegeleier mit wenig Butter in der Pfanne braten und mit Salz und Pfeffer würzen. Labskaus auf vorgewärmten Tellern anrichten und mit Spiegeleiern, roten Bete und Cornichons anrichten.

Kirsten Kirschner
Hamburg

Bravo! Nordlichtern geht nichts über ihren Klassiker. Mit Bier und Korn versteht sich!

Rotweingulasch

1 kg Rindergulasch vom Biometzger
1 kg Zwiebeln
3-4 EL Olivenöl
5 Knoblauchzehen
1 Liter französischer Landrotwein »Vin de Pays«
1 EL Tomatenmark
3 Lorbeerblätter
Instantbrühe
Pfeffer
Salz
8 Backpflaumen
1 EL Speisestärke
150 g ganze Champignons
200 g Dörrfleisch

Zwiebeln und Knoblauch schälen und kleinhacken. Zusammen mit dem Rindergulasch im heißen Öl anbraten. Dörrfleisch würfeln und dazugeben. Mit einem Liter Rotwein ablöschen und Tomatenmark unterrühren. Die Backpflaumen dazugeben. Mit Salz und Pfeffer abschmecken und ca. 2 Stunden bei kleiner Flamme und leicht geöffnetem Deckel einköcheln lassen. Lorbeerblätter entfernen. Speisestärke mit Wasser anrühren und unterrühren. Kurz aufkochen lassen und die abgetropften Champignons unterheben. Noch 5 Minuten weiterköcheln lassen und auf erwärmten Tellern servieren.

Dazu paßt ein kräftiger roter Bordeaux , z. B. »Beau Rêve«, 1997.

Stefanie Hinrichs, Ludwigshafen

informiert:

Rotweingulasch paßt hervorragend zu Spätzle oder Knödeln und Feldsalat mit Speck.

Würstchen-Eintopf

500 g Kartoffeln
50 g Gelderländer Bauchspeck
3 Zwiebeln
1 l Instantbrühe
5 Knackwürstchen aus dem Glas
250 g Möhren
250 g Brokkoli
Salz
Pfeffer

Den Speck in der Pfanne auslassen und anschließend die klein geschnittenen Zwiebelstücke im Fett ca. 2-3 Minuten andünsten. Mit Brühe aufgießen. Kartoffeln und Möhren waschen, schälen und in Würfel schneiden. Brokkoli waschen und in Röschen teilen. Alles in die Brühe geben und 20 Minuten kochen lassen. Mit Salz und Pfeffer abschmecken. Zum Schluß Würstchen dazugeben und 5 Minuten in der Brühe ziehen lassen.

Monika Teriet
Stadtlohn

Blaue Zipfel

300 g Nürnberger Bratwürstel
2 Zwiebeln
1 Tasse Essig
1-2 Lorbeerblätter
5 Wacholderbeeren
10 Pfefferkörner
1 Dose Sauerkraut
1 Zwiebel
1/4 l Apfelsaft, trüb
Salz
1 EL Margarine

500 g Kartoffeln
Salz
Pfeffer
Muskat
100 g süße Sahne

Einen Liter kaltes Wasser im Topf aufsetzen. Salz, Essig, Pfefferkörner, Wacholderbeeren, Lorbeerblätter und die in Scheiben geschnittenen Zwiebeln hineingeben, aufkochen und ca. 20 Minuten leise köcheln lassen. In diesen Sud die Bratwürstel einlegen und in 15-20 Minuten garziehen lassen. Der Sud darf dabei jedoch nicht kochen, sonst platzen die Würstel. In der Zwischenzeit das Sauerkraut abtropfen lassen. Eine Zwiebel schälen, kleinwürfelig schneiden und in der Margarine dünsten. Das Sauerkraut dazugeben und kurz mitdünsten. Den trüben Apfelsaft angießen, nach Geschmack salzen und ca. 30 Minuten köcheln lassen. Kartoffeln schälen, waschen und in kleine Stücke schneiden. In Salzwasser garkochen, abgießen und mit dem Kartoffelstampfer zerdrücken. Mit Salz, Pfeffer, Muskat und Sahne abschmecken. Sobald alles gar ist, Zwiebeln aus dem Sud schöpfen und die Würstel (Blaue Zipfel) auf den Zwiebeln anrichten. Kartoffelpüree und Sauerkraut als Beilage dazu reichen.

Dö V.V., Frankfurt am Main

In Franken schwimmen die Blauen Zipfel gerne auch in einer Mischung aus Wein und Wasser. Dazu dem Sud 1/2 l Frankenwein nach dem Aufkochen zusetzen. Den gibt's auch bei Aldi (Süd).

Birnen, Bohnen und Speck

500 g Gelderländer Speck
1/2 l Wasser
750 g breite grüne Bohnen
etwas Bohnenkraut
500 g kleine Birnen
Salz
Pfeffer
2 EL gehackte Petersilie

Den Speck ca. 45 Minuten in heißem Wasser zugedeckt ziehen lassen. Inzwischen die Bohnen waschen, fädeln und halbieren. Nach 20 Minuten die Bohnen zusammen mit dem Bohnenkraut zum Speck geben. Birnen waschen, halbieren und das Kerngehäuse entfernen. Ca. 20 Minuten vor Ende der Garzeit zu den Bohnen geben und mitkochen. Den Speck herausnehmen und in Scheiben schneiden. Bohnen mit Salz und Pfeffer abschmecken, mit Petersilie bestreuen und mit Birnen und Speck anrichten.

Lore Meiser, Oldenburg

Und darauf einen doppelten Korn!

Lammhackfleisch mit Tomatensauce

300 g Lammhackfleisch
1 Dose geschälte Tomaten
Tomatenmark
3-4 Knoblauchzehen
1 EL Zucker
200 g Sahne
1 Zwiebel
Zimt, gemahlen
Currypulver
Paprikagewürz
Salz, 3-4 EL Olivenöl

Zwiebel und Knoblauch schälen und in kleine Würfel schneiden. Olivenöl erhitzen und beides darin anbraten. Nach 2-3 Minuten Lammhackfleisch dazugeben und ebenfalls scharf anbraten. Tomaten und Sahne untermischen und mit Salz, Curry, Zimt, Zucker und Paprikapulver abschmecken. Ca. 30 Minuten ohne Deckel einkochen lassen. Ab und zu umrühren und zum Schluß mit Tomatenmark abschmecken.

Christine Barthels, Braunschweig

informiert:

Das Lammhackfleisch schmeckt vorzüglich zu Teigwaren, z. B. Spaghetti oder Makkaroni.

Bei Aldi Berlin gibt es hervorragende Neuseeland-Lammfilets – tiefgefroren. Die mitgelieferte Kräuter-Zitronen-Marinade läßt sich nach dem Auftauen leicht entfernen. Mit einem scharfen Messer können die zarten Filets rasch zu Lammtatar verarbeitet werden. Es eignet sich für dieses Gericht besonders gut.

Süß & Schwer

Hier wird Süssholz geraspelt

Nach der Devise »Lieber beim Hauptgang an fetten Sahnesaucen sparen, als beim Finale Kalorien zählen müssen« zeigen sich Aldianer am süßen Ende von ihrer starken Schokoladenseite. Was darf's denn sein? Beerenstarke Torten, handgerührtes Pfirsich-Sorbet oder hausgemachte Caramelcrème? Gibt es etwas Köstlicheres als selbstgebackenen Kuchen? Die folgenden »Kalorienbomber« haben es in sich: So richtig »absahnen« kann man mit opulenter Alditorte (2 Becher Sahne!), Käse-Kirsch, Förstertorte, Schokosahne und Aprikosenkuchen.

Fast gesund und wohltuend »kalorienarm« klingen leckere Nachtischvariationen wie »Müsli-Auflauf«, »Möhrentorte« und »Arme Ritter«. Aber bitte mit Sahne! Wen die Lust auf Kuchen plötzlich überfällt, der sollte folgende Basiszutaten immer im Hause haben: Butter, Zucker, Milch und Mehl, Eier, Backpulver und zum Veredeln Obst und Sahne. Strömt erst mal der Duft des frisch gebackenen Kuchens aus der Röhre, gibt es kein Halten mehr: Her mit der Kuchengabel!

Alditorte

125 g Mehl
1 Ei
75 g Zucker
85 g Butter
1/2 TL Backpulver
1 Becher Schmand
250 g Mandarinen aus der Dose
400 g (2 Becher) Sahne
50 g dunkle Schokolade

Butter, Zucker und Ei schaumig schlagen. Nach und nach das mit Backpulver gemischte Mehl dazugeben und einen griffigen Rührteig herstellen. Eine Springform fetten und den Teig einfüllen. Im vorgeheizten Backofen 15-20 Minuten bei 180 Grad (Umluft) backen. Den ausgekühlten Boden mit Schmand bestreichen und die abgetropften Mandarinen darauf verteilen. Sahne steif schlagen und darübergeben. Zum Schluß Schokolade raspeln und über die Torte geben.

Daniela Grevener
Hagen

Joghurt-Mandarinen-Torte

3 Eier
2 EL Wasser
125 g Zucker
75 g Mehl
50 g Speisestärke
1/2 TL Backpulver
1 Päckchen Gelatine
350 g Mandarinen aus der Dose
1 Tortenguß, weiß
3 Becher Magerjoghurt
50 g Puderzucker
250 g Sahne

Für den Biskuitteig: Eier und Wasser kräftig miteinander verquirlen (3 Minuten), Zucker zugeben und weitere 8 Minuten schlagen. Mehl, Speisestärke und Backpulver mischen und unter die gerührte Eiermasse geben. Springform mit Backpapier auslegen und die Masse einfüllen. Bei 170 Grad im vorgeheizten Backofen ca. 15 Minuten backen. In der Zwischenzeit die Füllung zubereiten: Dazu die Gelatine nach Vorschrift auflösen und quellen lassen. Mandarinen abtropfen lassen und auf den erkalteten Tortenboden legen. Mit Tortenguß überziehen. Joghurt mit Puderzucker verrühren. Die aufgelöste Gelatine sofort unter ständigem Rühren unter die Joghurtmasse geben. Es dürfen keine Schlieren entstehen. Sahne schlagen, unterziehen und auf die Mandarinen und den erstarrten Tortenguß streichen. Im Kühlschrank einige Stunden kalt stellen.

Iris Hermann, March

informiert:

Die Torte schmeckt im Sommer besonders gut!

Crêpes mit Amaretto

300 g Mehl
3 Eier
3/8 l Milch
Nuß-Nougat-Creme
Amaretto
Pflanzenmargarine
Puderzucker

Aus Mehl, Milch und Eiern einen dünnen Teig rühren und tellergroße Crêpes in der Pfanne dünn mit wenig Fett ausbacken. Die noch warmen Crêpes mit Nuß-Nougat-Creme bestreichen und mit Amaretto beträufeln. Crêpes entweder in Serviettentechnik übereinanderschlagen oder aufrollen und mit Puderzucker überstäuben.

Dazu paßt Cappuccino mit aufgeschlagener Milch!

Gabriele Gumpp
Donauwörth

Öffnen Sie Ihre Hausbar und holen Sie alles heraus, was Ihnen an Likören schmeckt. Parfümieren Sie Ihre Crêpes nach Lust und Laune damit oder machen Sie das Licht aus und flambieren Sie ihre Pfannkuchen. Das bringt auch den Gästen Spaß!

Maracuja-Torte

4 Eier
4 EL heißes Wasser
125 g Zucker
1 Päckchen Vanillinzucker

75 g Mehl
50 g Speisestärke
1 TL Backpulver

1 Dose Pfirsiche
2 Päckchen Tortenguß
500 ml Maracujasaft
1 Päckchen Gelatine
600 g (3 Päckchen) Sahne
3 EL Zucker

1 Päckchen Dr. Oetker Aranca-Pudding mit Maracuja-Geschmack
(für den Maracuja-Spiegel)
200 ml Maracujasaft

Eier trennen und das Eiweiß zu festem Schnee schlagen. Eigelb, Zucker, heißes Wasser und Vanillinzucker schaumig rühren. Mehl, Backpulver und Speisestärke mischen und unterrühren. Eischnee unterheben und in eine mit Backpapier ausgelegte Springform füllen. Bei 200 Grad auf mittlerer Schiene 40 Minuten backen. Nach dem Erkalten den Tortenboden einmal waagerecht durchschneiden. Für den Belag die Pfirsiche abtropfen lassen und in feine Schnitze schneiden. 2 Päckchen Tortenguß mit 500 ml Maracujasaft vermischen und im Topf aufkochen lassen. Abkühlen lassen und die Pfirsiche unterheben. Den Biskuitboden auf eine Tortenplatte legen, Tortenring anlegen und die Pfirsiche einfüllen. Inzwischen die Gelatine nach Vorschrift quellen lassen und in einem kleinen Topf erwärmen. Sahne mit 3 EL Zucker steif schlagen, Gelatine dazugeben und gleichmäßig über der Pfirsichmasse verteilen. Etwa 5 gehäufte EL Sahne für die Dekoration zurückbehalten. Für den Tortenspiegel Maracujasaft und Aranca-Puddingpulver verrühren, stocken lassen und vorsichtig auf die Torte gießen. Torte kalt stellen und den Tortenring erst nach vollständigem Erkalten entfernen. Die restliche Sahne auf den Rand geben und nach Belieben den Maracuja-Spiegel damit dekorieren.

Rosemarie Züfle, Unteriflingen

informiert:

Der zweite Boden läßt sich gut einfrieren oder für eine weitere Torte verwenden, z. B. für eine Schokosahne-Torte mit Birnen.

Was für eine Torte! Das ist Leidenschaft die Leiden schafft: Hochgenuß mit reichlich Kalorien – grade so richtig für Feiertage!

Käsekuchen mit Kirschen

Für den Mürbeteig:
250 g Mehl
1 Päckchen Backpulver
125 g bioreform Margarine
65 g Zucker
1 Ei
etwas Salz
1 Fläschchen Zitronenaroma

Für die Füllung:
750 g Magerquark
200 g Zucker
1 Päckchen Vanillinzucker
Saft einer Zitrone
3 Eier
75 g Margarine
65 g Mehl
50 g Haselnüsse, gemahlen
750 g Schattenmorellen aus dem Glas
1-2 EL Mehl für die Streusel

Aus allen Teigzutaten rasch einen Mürbeteig kneten und etwa die Hälfte des Teiges flach ausrollen und in eine gut gefettete Springform geben (24-28 cm Durchmesser). Kirschen abtropfen lassen und gleichmäßig auf dem Teigboden verteilen. Aus verquirlten Eiern, Zucker, Vanillinzucker, Margarine, Zitronensaft, Quark und Mehl eine nicht zu flüssige Füllung rühren und vorsichtig über die Kirschen geben. Haselnüsse und 1-2 EL Mehl zum verbliebenen Mürbeteig geben und mit Hilfe zweier Gabeln Streusel herstellen. Dazu den Teig zwischen den Gabeln hin- und herreiben. Die Streusel auf die Torte geben. Torte im vorgeheizten Backofen bei 175-200 Grad in ca. 60 Minuten backen.

Petra Titze , Dortmund

1-2-3-Apfelkuchen

100 g Zucker
200 g Margarine oder Butter
300 g Mehl
750 g Apfelmus aus dem Glas
Fett für die Form

Zucker und Fett schaumig rühren. Mehl portionsweise zugeben und einarbeiten. 3/4 des Teigs in eine gefettete Springform geben. Apfelmus aufstreichen. Den restlichen Teig zwischen den Handflächen zu Streuseln

formen und über dem Apfelmus verteilen. Bei 175 Grad ca. 40 Minuten backen.

Jeanette Baiz
Weitnau

Kompliment! Schneller geht es wirklich nicht mit einem Apfelkuchen!

Dickmanns-Torte

12 Riesen-Dickmann's
500 g Magerquark
400 g (2 Päckchen) gekühlte Sahne
1 Päckchen Vanillinzucker
2 Päckchen Sahnequick
1 Tortenboden (fertig oder selbstgebacken)
evtl. *Schokostreusel*

Die gut gekühlte Sahne rasch mit Vanillinzucker und Sahnequick steif schlagen. Die Dickmann's von den Bodenwaffeln trennen und diese beiseite stellen. Quark verrühren und die Schoko-Schnee-Masse mit einer Gabel zerdrücken und unterziehen. Die Sahne ebenfalls darunterheben und alles auf dem Biskuitboden gleichmäßig verteilen. Nach Belieben die Torte mit den Waffeln verzieren oder durch Schokostreusel ersetzen.

Gabriele Franz, Obernbreit

informiert:

Am besten schmeckt die Torte gut gekühlt!

Bleiben Dickmänner übrig, lassen sie sich zu einem duftigen Soufflé in der Mikrowelle (10-15 Sek.) aufschäumen und mit einer Vanillesauce servieren!

Förstertorte

150 g Haselnüsse gemahlen
120 g Zucker
100 g Halbbitter-Schokolade
3 Eier
400 g Wildpreiselbeeren
200 g Schlagsahne

Die Schokolade feinreiben und 2/3 der Menge in eine Schüssel geben. Eier, Haselnüsse und Zucker dazugeben und zu einem griffigen Teig rühren. Die Teigmasse in eine gefettete Springform geben (Durchmesser 24-28 cm) und bei 175 Grad auf mittlerer Schiene backen.

Teigboden auskühlen lassen und mit den abgetropften Wildpreiselbeeren bestreichen. Sahne sehr fest schlagen und vorsichtig auf den Preiselbeeren verteilen, damit sich die Sahne nicht verfärbt. Zum Schluß die restlichen Schokoladenraspel über die Torte geben.

Petra Titze, Dortmund

informiert:

Die Torte sollte möglichst noch am selben Tag verzehrt werden, da sie frisch am allerbesten schmeckt. Der Tortenboden hingegen kann bereits einen Tag früher gebacken werden.

Haben Sie die Förstertorte schon mal mit Himbeeren oder Heidelbeeren versucht? Köstlich, köstlich!

Möhrenkuchen

4 Eier
100 g Zucker
1 unbehandelte Zitrone
70 g Mehl
80 g Haferflocken
1 Päckchen Backpulver
150 g gemahlene Mandeln
200 g feingeriebene Möhren

Eier trennen. Eigelb mit Zucker und dem Saft einer Zitrone schaumig rühren. Zitronenschale, Mehl, Haferflocken, Backpulver und Mandeln vermengen und unter die Masse heben. Eiweiß zu steifem Schnee schlagen und im Wechsel mit den feingeriebenen Möhren unter den Teig ziehen. Teig in eine mit Backpapier ausgelegte Springform füllen und im vorgeheizten Backofen bei 190 Grad auf mittlerer Schiene ca. 50 Minuten backen. Sollte die Torte zu stark bräunen, zum Ende der Backzeit Alufolie auflegen.

Die Torte ergibt 12 Stück.

Leonie Nowak
Bonn

Bravo, Leonie! Ein »gesunder« Kuchen, der richtig lecker schmeckt!

Aprikosenkuchen mit Quark

300 g Mehl
200 g Margarine
100 g Zucker
1 Prise Salz
1 TL Backpulver, 1 Ei
750 g Aprikosen aus der Dose
4 Eier
500 g Quark, 125 g Zucker
1 Päckchen Vanillinzucker

Mehl und Backpulver mischen und auf ein Backbrett sieben. In der Mitte eine Vertiefung eindrücken. Zucker, Salz und Ei hineingeben und mit einem Teil des Mehls vermengen.

Darauf gibt man die gut gekühlte Margarine in Flöckchen, bedeckt alles mit Mehl, drückt den Teig zu einem Kloß zusammen und verknetet von der Mitte aus alle Zutaten zu einem glatten Teig. Sollte er kleben, stellt man ihn kurz kalt. Eine Springform (Durchmesser 30 cm) damit auslegen und einen Rand hochdrücken.

Die Aprikosen abtropfen lassen und den Mürbeteigboden damit belegen. Eier trennen und 4 Eiweiß zu steifem Schnee schlagen. Die Eigelb mit Quark, 125 g Zucker und Vanillinzucker verrühren, das geschlagene Eiweiß unterheben und die Quarkmasse auf die Aprikosen geben. Den Aprikosenkuchen im vorgeheizten Backofen bei 200 Grad ca. 60 Minuten backen.

Rosemarie Züfle, Unteriflingen

informiert:

Anstelle von Aprikosen können auch Kirschen (frisch oder aus dem Glas) oder Apfelschnitzel verwendet werden.

Aldikuchen

5 Eier
250 g Puderzucker
2 Päckchen Vanillinzucker
1/4 l Sonnenblumenöl
1/4 l Eierlikör
125 g Mehl
1 Backpulver
125 g Speisestärke
etwas Margarine und Paniermehl für die Form

Eier, Puderzucker und Vanillinzucker mit dem Rührgerät zu einer cremigen Masse aufschlagen. Nach und nach im Wechsel Öl und Eierlikör zugeben. Mehl, Stärkemehl und Backpulver

mischen und unter die Masse rühren. Backform ausfetten und mit Paniermehl ausstreuen. Den (recht flüssigen) Teig in die Form füllen und auf mittlerer Schiene in den vorgeheizten Backofen schieben. Bei 175 Grad etwa 90 Minuten backen.

Renate Thiede, Lübeck

informiert:

Am besten schmeckt der Kuchen gut gekühlt! Im Kühlschrank hält er sich tagelang frisch.

Pfirsich-Sorbet

100 g Zucker
5 mittelgroße reife Pfirsiche
2 Zitronen
100 ml Amaretto oder Pfirsichlikör
frische Minzeblättchen

Zucker in 150 ml Wasser ca. 5 Minuten kochen lassen, bis sich der Zucker aufgelöst hat. Die Zuckerlösung beiseite stellen und erkalten lassen.

Die Pfirsiche mit kochendem Wasser übergießen, kurz ziehen lassen (die Pfirsiche sollten ringsum bedeckt sein) und unter fließendem Wasser abschrecken. Häuten, halbieren und entsteinen. Die Pfirsiche pürieren.

Fruchtpüree, Saft von 2 Zitronen, Zuckerlösung und Likör in eine Schüssel geben, kräftig vermengen und im Anschluß in das Gefrierfach stellen. Sobald das Sorbet zu erstarren beginnt, alle 15-20 Minuten kräftig durchrühren, bis eine cremige Eismasse entsteht. Insgesamt etwa 4-5 Stunden einfrieren lassen. Das Sorbet mit einem Eislöffel herauslösen und in vorgekühlte Gläser füllen. Minzeblättchen waschen und das Pfirsich-Sorbet damit dekorieren.

Leonie Nowak, Bonn

informiert:

Kaloriensparer ersetzen die Zuckerlösung durch 1 EL flüssigen Süßstoff!

Dies leckere Dessert macht zwar Arbeit, schmeckt aber dafür traumhaft gut!

Arme Ritter

5 Eier
1/2 Tasse Zucker
1 Päckchen Vanillinzucker
1/2 Tasse Milch
1/2 Schnapsglas Cointreau
4 EL Butter zum Ausbacken
8 Scheiben Toastbrot

Eier, Zucker, Vanillinzucker und Cointreau in einer Schüssel schaumig schlagen. Die Eierschaummasse portionsweise in einen tiefen Teller geben und die Weißbrotscheiben darin einweichen. Die Toastscheiben von beiden Seiten in heißer Butter ca. 2 Minuten backen.

Mara Hitzel
Baden-Baden

Zu Armen Rittern reichten unsere Großmütter bevorzugt Weißweinsauce: Die Armen Ritter wie oben beschrieben, aber ohne Zusatz von Cointreau ausbacken. Für die Sauce 1/4 l trockenen Weißwein, 4 Eigelb und 1 TL Speisestärke in einer feuerfesten Form verrühren. Den Saft von 1/2 Zitrone dazugeben und bei mittlerer Hitze unter ständigem Schlagen mit einem Schneebesen kurz aufkochen lassen. Die Sauce von der Kochplatte nehmen, in eine Porzellanschüssel umfüllen und kaltschlagen. Zum Schluß das steif geschlagene Eiweiß unterziehen und zu den Armen Rittern servieren.

Crème Caramel
1/2 l Milch
4 Eigelb
2 ganze Eier
1 Vanilleschote oder
1 Päckchen Vanillinzucker
100 g Zucker

Die Milch mit 50 g Zucker aufkochen und Vanillemark oder Vanillinzucker zusetzen. Die ganzen Eier mit den Eigelb verquirlen und langsam zur Milch geben. Den restlichen Zucker in einer kleinen Pfanne zu Caramel schmelzen. Sobald sich der Zucker tief goldbraun färbt, auf 4 feuerfeste Förmchen so verteilen, daß der Boden und die Seitenränder mit Caramel überzogen sind.

Jetzt die Eiermilch einfüllen und die Förmchen im Wasserbad in den Backofen (160 Grad) stellen. Die Crème ca. 30 Minuten stocken lassen. Sie ist gar, wenn sie auf Fingerdruck elastisch nachgibt. Die Förmchen abkühlen lassen. Die Crème Caramel schmeckt am nächsten Tag am besten, wenn sich der Caramel in Sauce verwandelt hat.

Melba Andres
Konstanz

Müsli-Auflauf

10 Semmeln vom Vortag
1/2 l Milch
3 EL Cognac
100 g Zucker
50 g Rosinen
50 g Knuspermüsli
50 g gemahlene Haselnüsse
2-3 Äpfel
Butter oder Margarine für die Form

Die Semmeln in Scheiben schneiden und mit der Mischung aus Milch und Cognac übergießen und weichen lassen. Rosinen, Knuspermüsli und die gemahlenen Haselnüsse zugeben und die Masse gut durchmischen. Äpfel schälen, vierteln, Kerngehäuse entfernen und in Scheiben schneiden. Eine feuerfeste Form ausfetten und abwechselnd die Semmelmasse und die Äpfel einschichten. Bei 180 Grad ca. 60 Minuten im Ofen überbacken.

Dazu paßt feine Vanillesauce.

Gabriele Gumpp, Donauwörth

Zebrakuchen

300 g Zucker
1 Päckchen Vanillinzucker
5 Eier
375 g Mehl
1/2 Päckchen Backpulver
1/8 l warmes Wasser
1/4 Sonnenblumenöl
2 EL Kakao

Eier trennen. Eigelb mit Zucker und Vanillinzucker schaumig rühren. Wasser und Öl dazugeben und gut verrühren. Anschließend das mit Backpulver gemischte Mehl langsam einrühren. Eiweiß zu steifem Schnee schlagen und unterheben. Die Hälfte des Teiges mit 2 EL Kakao vermengen. Eine Springform mit 26 cm Durchmesser einfetten. In die Mitte der Form im Wechsel einen Eßlöffel weißen und schwarzen Teig geben, bis beide Mengen verbraucht sind. Immer Löffel für Löffel aufeinander, nicht nebeneinander, weil sich sonst kein schönes Muster ergibt! Den Zebrakuchen im vorgeheizten Backofen bei 175-180 Grad ca. 50-60 Minuten backen.

Heike Keller, Kaarst

informiert:

Kakao ist bei Aldi ein Saisonartikel, also eindecken, wenn es ihn gibt!